Käthe Dorn

Das weiße Kleid

Verlag der
Francke-Buchhandlung GmbH
Marburg an der Lahn

Lizenzausgabe
mit freundlicher Genehmigung des
Brunnen-Verlag, Gießen

CIP-Kurztitelaufnahme der Deutschen Bibliothek

Dorn, Käthe:
Das weiße Kleid / Käthe Dorn. – Marburg an d. Lahn: Francke, 1983.
(Edition C: H; 14)
ISBN 3-88224-275-2
NE: Edition C / H

3550 Marburg an der Lahn
Umschlaggestaltung: Gudrun Wagner
Gesamtherstellung:
St.-Johannis-Druckerei C. Schweickhardt
7630 Lahr-Dinglingen
Printed in Germany 19097/1983

1.

Draußen rieselten leise die Schneeflocken nieder und bedeckten die Erde mit einem schimmernden, weißen Gewand. Drinnen im behaglichen Wohnzimmer aber saßen zwei elegant gekleidete Damen an ihren gewohnten Fensterplätzen einander gegenüber. Die ältere von beiden, eine stattliche Vierzigerin, repräsentierte in ihrer ganzen Erscheinung und etwas steifen, würdevollen Haltung so recht die «Frau Bürgermeisterin» der Kleinstadt.

Ihre achtzehnjährige Tochter hingegen verriet durch ihre vornehm nachlässigen Bewegungen sehr deutlich, vielleicht sogar etwas absichtlich, daß sie schon reichlich Großstadtluft geatmet hatte. Sie war zwei volle Jahre in der Hauptstadt in Pension gewesen und hatte außer den feinen Umgangsformen auch allerlei Ansprüche mitgebracht, die sie nun geltend machte – und ihre Eltern waren beide schwach genug, sie ihr mit der größten Bereitwilligkeit zu erfüllen.

So war Lucie maßlos verwöhnt und infolgedessen in ihren Ansprüchen ziemlich unbescheiden geworden. Es genügte ihr längst nicht alles, was «die spießbürgerliche Kleinstadt» zu bieten vermochte, wie sie sich mit geringschätzigem Achselzucken auszudrücken pflegte.

Auch heute saß sie mit unzufriedenem Gesichtsausdruck an ihrem Nähtischchen und blätterte mit prüfenden Blicken in den neuesten Modezeitungen. Nach einer Weile schob sie sämtliche Hefte, von denen keines ihren Wünschen entsprach, beiseite, und indem sie sich rasch ihrer Mutter zuwendete, sagte sie mit blitzenden Augen: «Mama, also *das* ist sicher, auf dem nächsten ‚Harmonieball' muß ich aber das schönste Kleid haben. Doktors Alice soll mich nicht wieder ausstechen in ihrem meergrünen, mit den blaßgetönten Wasserrosen. Die reinste Nixe stellte sie dar mit ihren rotblonden Locken!»

Ein häßlicher Zug von Neid und Mißgunst entstellte in diesem Augenblick ihr sonst wirklich schönes Gesicht, während ihre dunklen Augen leidenschaftlich aufflammten in dem Wunsche, diesmal die unbestrittene «Ballkönigin» zu werden. Sie wollte es werden und sie *mußte* es werden – um jeden Preis!

Doktors Alice war die einzige im ganzen Städtchen, die es mit ihr Aufnehmen konnte. Sie war eine zarte, anmutige Erscheinung und verstand sich zu benehmen, so daß Lucie ihre ganze hinreißende Liebenswürdigkeit aufbieten mußte, um die andere in den Schatten zu stellen. Sie hoffte, daß ihr lebhaftes, übersprudelndes Wesen, das mehr in die Augen stach, die stillere Art der zarten Rotblonden schon ins Hintertreffen verweisen würde, besonders wenn auch ihre äußere Erscheinung elegant war, denn Kleider machen Leute. Und deshalb wollte sie das schönste Ballkleid haben!

Die Mutter ging in ihrer blinden Liebe sofort auf die ungestüme Bitte ihrer Tochter ein. Sie sah darin nicht den brennenden Ehrgeiz, der andere unterdrücken wollte, sondern sie fühlte sich sogar noch geschmeichelt bei der Aussicht, ihre eigene Tochter als die schönste zu sehen, und träumte schon von den Triumphen, die Lucie als diesjährige Ballkönigin in der vornehmsten Gesellschaft des Städtchens feiern würde.

«Aber natürlich, mein Kind, dem soll nichts im Wege stehen, du hast das Recht dazu wie jede andere, vielleicht noch mehr als jene»; entgegnete sie in nachgiebiger Zärtlichkeit; «wir wollen gleich morgen einmal zu Westermanns am Markt gehen und sehen, ob wir etwas Passendes finden; er hat doch immer sehr nette Sachen.»

«Ach, da!» gab Lucie mit geringschätzigem Achselzucken zurück; «nimm es mir nicht übel, Mama, aber was man hierzulande ‚nette Sachen' nennt, das finde ich nach großstädtischen Begriffen furchtbar geschmacklos. Ich möchte am liebsten selbst in die Großstadt fahren; es sind ja nur zwei Stunden mit dem Schnellzug! Meine liebste Pensionsfreundin dort, Herta Kersten, hat mich ohnehin schon längst eingeladen, sie einmal zu besuchen. Sie könnte mir auch gut behilflich sein, das Ballkleid auszusuchen; Herta hat einen guten Geschmack, sie ging immer vornehm gekleidet. Und was mich am meisten lockt: ihre Kleider saßen alle tadellos, die großstädtischen Schneiderinnen haben gleich einen ganz anderen Schnitt. Da könnte ich mein Ballkleid in einem dortigen Atelier bestellen, und Herta behält mich sicher gerne dort, bis das Anprobieren vorüber ist.»

«Wenn du denkst, daß deine Freundin dir solange Gastfreundschaft gewährt, gebe ich gern meine Einwilligung zu dieser Reise, vorausgesetzt, daß auch Papa sie erlaubt.»

«O ihn wollen wir schon überreden», rief Lucie, «der schlägt seiner Einzigen nicht leicht etwas ab; er muß sogar noch mehr gewähren als die bloße Erlaubnis, nämlich ein paar blaue Scheinchen, die werde ich ihm schon abzuschmeicheln wissen. Denn diesmal bin ich durchaus nicht für das Sparen!» Sie lachte übermütig, und ihre dunkeln Augen blitzten unternehmungslustig.

«Wie soll dein Kleid eigentlich sein, Kind?» fragte die Mutter, durch die Tochter förmlich neugierig gemacht.

«O ganz einfach, aber eigenartig, Mama!» entgegnete Lucie. «Die schöne Winterlandschaft hat mich darauf gebracht! Ich möchte gerne weich fallende, schneeweiße Seide tragen, mit echten Spitzen garniert, dazu als einzigen Schmuck purpurrote Rosen im Haar und Gürtel, und wie glitzernde Tautropfen darin meine Brillantnadeln, die sie festhalten sollen.»

«Ach! das wird dir prächtig stehen zu deinem frischen Gesicht und dem dunkeln Haar», stimmte die Mutter bei.

«Ja, durch schlichte Schneewittchenart will ich Alice übertrumpfen», sagte Lucie; dann legte sie plötzlich den Finger auf den Mund: «Still! Da kommt meine kleine Elli auf unser Haus zu; daß sie ja nichts davon erfährt! Sonst weiß es morgen schon Alice, und da könnte es ihr einfallen, anstatt in Wasserblau oder Meergrün, was sie sonst ins Treffen führt, diesmal auch in Weiß zu erscheinen.»

Bald darauf klopfte es schüchtern an die Tür, und auf das übliche «Herein!» tauchte die schmale Gestalt eines noch sehr kindlich aussehenden jungen Mädchens im Türrahmen auf.

«Nur immer ganz herein und tapfer näher getreten, kleine Ella!» rief ihr Lucie fast herrisch entgegen und fügte dann gönnerhaft herablassend hinzu: «Du kannst ein bißchen dableiben und mich unterhalten, ich langweile mich gerade furchtbar über diesen faden Modezeitungen. Was ist denn Neues passiert in der Stadt?»

Die Frau Bürgermeister zog es vor, die jungen Mädchen

allein zu lassen. Kaum hatte sich die Tür hinter ihr geschlossen, da ging das lebhafte Geplauder der beiden jungen Mädchen los. Das Hauptthema bildete natürlich der in einigen Wochen stattfindende «Harmonieball», der schon viele junge Mädchen in Aufregung gebracht und die Hände der Schneiderinnen vollauf beschäftigt hatte.

«Hast du schon ein Kleid? Bekommst du ein neues, und wie wird es aussehen?» konnte sich Elli nicht mehr enthalten, die ältere Freundin halb zaghaft, halb neugierig auszuforschen; denn die Neugier siegte doch noch über die sonst etwas ängstliche Scheu ihr gegenüber. Und die stolze Bürgermeisterstochter, die sich so sicher wähnte in ihrem zurückhaltenden «Schweigenkönnen», ließ sich richtig mit fortreißen und vertraute dem kleinen Plappermäulchen unter dem Siegel tiefster Verschwiegenheit an, daß sie diesmal das allerschönste Ballkleid haben werde, wobei einige nicht sehr freundliche Bemerkungen über Doktors Alice, die vorjährige Ballkönigin, fielen, der sie ihren Ruhm nicht zum zweitenmal lassen wollte.

Elli blies sofort pflichtschuldigst mit in dasselbe Horn. Sie fand überhaupt alles, was Lucie sagte und tat, recht und gut. War sie doch stolz darauf, ihrer Freundschaft gewürdigt zu werden, und legte ihre Dankbarkeit dafür durch rückhaltlose Bewunderung und förmliche Unterwürfigkeit an den Tag. Und das war es eben, was Lucie bestimmte, sich zu dem kleinen, einfältigen Mädchen herabzulassen.

Mit den anderen jungen Mädchen ihres Standes verkehrte Lucie längst nicht so vertraulich. Wohl hatten sie ein Mädchenkränzchen, das sie wöchentlich einmal zusammenführte, und die Familien, bei denen es reihum ging, hielten alle darauf, daß es ihre Töchter nicht mit der Bürgermeisterstochter verdarben – aber wirklich beliebt war Lucie wegen ihres hochfahrenden Wesens bei niemand. Von einer wahren Freundschaft mit ihr konnte deshalb kaum die Rede sein, denn die anderen waren nicht gewillt, sich von ihr beherrschen zu lassen.

Mit der kleinen Elli hingegen konnte sie umgehen, wie sie wollte. Bald überschüttete sie sie mit Zärtlichkeiten und Geschenken, dann ließ sie wieder ihre Launen an ihr aus. Die Kleine ließ sich in ihrer rührenden Gutmütigkeit alles gefallen. Vor allem aber gab sie in ihrer schlichten Unscheinbarkeit für Lucies hochgewachsene Figur einen prächtigen Hintergrund ab, und diese selbstsüchtigen Beweggründe waren es hauptsächlich, denen das junge, schüchterne Mädchen die Freundschaft der stolzen Bürgermeisterstochter verdankte.

Auch heute war Elli, nachdem die bewunderte Lucie ihrem Groll gegen Doktors Alice genügend Luft gemacht hatte, plötzlich rasch und kurz von ihr mit dem Bedauern verabschiedet worden, daß sie noch einen wichtigen Brief zu schreiben habe und ihre Anwesenheit deshalb nicht mehr wünsche. Und die Kleine ging gehorsam wie ein Kind.

2.

In einer der stilleren Straßen der Großstadt wohnte die verwitwete Frau Regierungsrat Kersten mit ihrer Tochter Herta, Lucies bester Freundin aus der Pensionszeit. Das junge Mädchen saß sinnend an ihrem Nähtischchen, die sonst so fleißigen Hände müßig im Schoß; vor ihr lag ein offener Brief, auf den sie mit ernstem, bekümmertem Gesicht niederschaute. Wie fremdartig mutete sie sein Inhalt an, auf den sie vielleicht vor Jahresfrist noch mit brennendem Interesse eingegangen wäre. Jetzt war jedes Verlangen nach den darin geschilderten Freuden in ihr ausgelöscht; denn sie hatte inzwischen etwas Besseres gefunden, einen Frieden und eine Freude, wie sie die Welt nicht kennt. Gerne hatte sie dem, was sie früher anzog, den Rücken gekehrt, nachdem Jesus die Welt in ihrem eigenen Herzen überwunden hatte. – Und nun wurde ihr plötzlich die Zumutung gestellt, ein Ballkleid aussuchen zu helfen, in dem Lucie Bräunig, ihre einstige Pensionsfreundin, um deren Bekehrung Herta schon lange treulich betete, ihre Triumphe feiern wollte.

Das konnte sie unmöglich tun. Wie aber sollte sie die Bitte der Freundin abschlagen, ohne sie zu verletzen? Lucie konnte ja Herta in ihren Ansichten jetzt gar nicht verstehen, da sie selbst noch vollständig vom Weltgeist beherrscht war; Herta stand in ihrer Erinnerung als diejenige, die sich bei dem Tanzstundenball damals am tollsten mit ihr in den rauschenden Strudel gestürzt hatte. Würde Lucie sie nicht für «übergeschnappt» halten, wenn sie ihr auf einmal schrieb, daß sie das Tanzen, so wie sie nun innerlich stehe, als Unrecht empfinde? Und das war doch jetzt unabweisbar ihre Pflicht! Sie kannte Lucies scharfe Spottsucht, die ihr treubesorgtes Mahnen und Warnen nur lächerlich finden und sich darüber lustig machen würde. Was sollte sie da tun? Mit einer kurzen Absage die Fäden durchschneiden, die sie äußerlich noch lose zusammenhielten? Denn innerlich waren sie ja eigentlich schon getrennt durch die verschiedenen Wege, die sie gingen. Hieße das aber nicht zugleich, die Macht der Fürbitte abschneiden, mit der sie bisher um Lucies Bekehrung gefleht hatte? Wie aber sollte denn Lucie gerettet werden, wenn sie immer nur bat, aber keine Hand dabei regte, auch etwas für sie zu tun? War sie selbst denn nicht genau wie jene auch ein Weltkind gewesen, und der Herr hatte sie doch gefunden? Warum wollte es ihr da jetzt bei Lucie so schwer und aussichtslos erscheinen?

«O ihr Kleingläubigen! Warum seid ihr so furchtsam?» tönte es ihr plötzlich im Ohr, während sie beschämt den Kopf senkte und tief seufzte. Dann aber richtete sie sich rasch wieder empor und flüsterte: «Vergib, Herr, und sage mir, was ich tun soll.» Und darauf machte sie es wie König Hiskia, der seinen Brief in den Tempel trug, dort vor Jehova ausbreitete und ihn um Schutz und Beistand gegen die ihm drohende Feindesmacht anrief.

So kniete auch sie jetzt neben ihrem Stuhl nieder und betete. Es kostete zuerst einen heißen Kampf, bis alle Bedenken und die sich vor ihr auftürmenden Hindernisse überwunden waren, aber Herta hatte die Aufgabe übernommen, nun wollte sie auch durchhalten! Sie ließ nicht nach mit Bitten und klammerte sich mit aller Glaubenskraft an die Verheißung: «Christus ist mir gemacht zur Weisheit.» Ja, Weisheit mußte ihr der Herr vor allem schenken, die Freundin recht zu leiten. War jedoch Christus selbst die Weisheit und sie sein Eigentum, so mußte auch ihr seine eigene Weisheit unumschränkt zur Verfügung stehen.

Ein wunderbares Leuchten ging plötzlich über ihr Gesicht. Sie hatte die Lösung der brennenden Frage gefunden und wollte sich nicht mehr fürchten, denn auf ihrer Seite stand die Macht Gottes, der ihr in diesem Augenblick die selige Gewißheit ihrer Gebetserhörung ins Herz gesenkt hatte.

Mit freudigem Lobpreis stand sie wieder auf und sah erwartungsvoll der Heimkehr ihrer Mutter entgegen, deren Erlaubnis sie noch erbitten mußte, um ihren Plan auszuführen.

Bald darauf kehrte Frau Kersten von einem Krankenbesuch zurück. Herta eilte ihr entgegen, um ihr beim Ablegen der Sachen behilflich zu sein. Es bestand ein sehr herzliches Verhältnis zwischen Mutter und Tochter, das durch die gemeinsame Liebe zu Jesus noch inniger geworden war. Sie verstanden einander sehr gut und konnten sich nie etwas lange verhehlen. So sah auch jetzt die Mutter sehr bald, daß sich ihre Tochter in einer gewissen Erregung befand; sie forschte deshalb liebevoll nach dem Grund ihrer Bewegung.

«O Mütterlein! Darf ich Lucie Bräunig auf ein paar Wochen zu mir einladen? Ich habe einen Brief von ihr erhalten, in dem sie selbst um meine Gastfreundschaft bittet.» Herta holte das Schreiben herbei und blickte ihrer Mutter, während diese es las, gespannt in das immer besorgter werdende Gesicht.

«Liebes Kind, zu einem solchen Wunsch – und mit solcher Freude?» sagte die Mutter kopfschüttelnd, indem sie den Brief zurückgab. Dann zog sie die Tochter fest in die Arme, als ob sie sie schützen müsse, und fügte ernst hinzu, indem sie ihr tief in die Augen blickte: «Ich sah es schon früher nicht gerne, daß gerade Lucie deine Auserkorene in der Pension war; sie machte dich so ausgelassen mit ihren übermütigen Streichen. Und jetzt, wo wir gar andere Wege eingeschlagen haben, willst du auf einmal die alten Beziehungen wieder anknüpfen? Hast du auch bedacht, in welche Gefahr dich Lucie dadurch bringt, meine Herta?»

Das junge Mädchen nickte ernst. «Das habe ich alles schon durchgekämpft, und Jesus hat mir den Sieg geschenkt. Nein, Mama, keine alten, ganz neue Beziehungen will ich mit Lucie anknüpfen. Lucie muß bei uns etwas ganz anderes erleben. Dazu bietet sich ja gerade jetzt eine so gute Gelegenheit in den Evangelisationsversammlungen, die Pastor B. nächste Woche hier hält! Sicher geht Lucie mir zuliebe mit, und ich bin gewiß, wenn sie unter ein so klares Zeugnis des Evangeliums kommt, wird sie bald von der Wahrheit überzeugt werden. Ich glaube ganz bestimmt an eine Sinnesänderung bei Lucie. Ich habe schon längere Zeit darum gebetet, und das ist eine Bitte nach seinem Willen!»

Herta sprach mit einer solchen Gewißheit, und ihre Augen leuchteten so sieghaft, daß die Mutter sie ganz erstaunt betrachtete und dann sagte: «So lade deine Freundin ein; der liebe Gott schenke dir, was du von ihm erbeten hast.»

Herta umarmte ihre Mutter herzlich. Dann holte sie sofort ihr Schreibzeug, setzte sich hin und schrieb in fliegender Eile:

Liebe Lucie!

Du bist mir herzlich willkommen! Ein weißes Kleid sollst du haben, wie es hier die Königskinder tragen. Ich will es Dir fleißig suchen helfen, damit Du bald das rechte findest. Du kannst bei mir bleiben, bis es fertig ist. Alles Nähere besprechen wir hier. In herzlicher Liebe erwartet Dich

Deine Freundin Herta.

Inzwischen träumte Lucie schon sehnsüchtig von den Herrlichkeiten der Großstadt, die sie während ihres mehrwöchigen Aufenthaltes dort in vollen Zügen genießen wollte, und sie weihte dabei fleißig die kleine Elli in ihre Geheimnisse ein, diesmal jedoch gleich mit dem heimlichen Wunsch, den sie hie und da durchblicken ließ, daß die Kleine es den anderen auch erzählen würde. Sie gönnte ihnen den Neid, der ihre Herzen erfüllen würde, weil sie sich selbst so etwas nicht leisten konnten.

Und als dann der schon ungeduldig erwartete Brief mit der so herzlich gehaltenen Einladung eintraf, da hielt sie ihn triumphierend empor in jubelnder Freude. Den tieferen Sinn, den Herta hineingelegt hatte, verstand sie freilich nicht. Sie bezog das weiße Kleid der Königskinder allen Ernstes aufs Äußerliche; denn der dort wohnende Landesherr hatte junge Töchter. Und so wie diese gekleidet zu gehen, gab ihrem Ehrgeiz und ihrem Hochmut neue Nahrung.

Auf Papas Börse wurde deshalb doppelt Sturm gelaufen, und die Waffen des Bettelns und Schmeichelns wurden so musterhaft geführt, daß er richtig mit den blauen Scheinchen herausrückte. Dann gab es auch kein Halten mehr; schon am nächsten Tage reiste Lucie mit hochgespannten Hoffnungen in die Großstadt ab.

Unterwegs malte sie sich dann Theater, Konzerte, Ausstellungen usw. in den rosigsten Farben aus. Wie wollte sie dabei Unterhaltungsstoff sammeln und damit glänzen auf dem heimatlichen «Harmonieball»! Ja, sie wollte alle in Erstaunen setzen mit den Wunderdingen, die sie in der Großstadt erlebt hatte. Da konnten die anderen doch nicht mit antreten, nicht einmal Doktors Alice. O sie wollte diesmal schon Königin werden! –

Ehe sich's Lucie versehen hatte, war in dem wirbelnden Durcheinander ihrer Gedanken der Schnellzug schon in die große überdachte Halle der Großstadt eingefahren. Ob sie abgeholt würde? Richtig! Da stand Hertas schlanke Gestalt auf dem Bahnsteig, im einfachen Straßenkleid, ein schmuckloses schwarzes Filzhütchen auf den blonden Flechten. Was war denn das für eine neue Laune von Herta, sich so einfach anzuziehen? Übrigens sah sie nicht etwa weniger fein darin aus, das mußte sie ja zugeben, – aber ihren eigenen Geschmack wollte Lucie von ihr nicht beeinflussen lassen, da stellte sie doch etwas höhere Ansprüche.

Unterdessen war sie ausgestiegen und auf die Freundin zugeeilt, die sie mit einem herzlichen Willkommgruß in die Arme schloß.

Beim Besorgen des Gepäcks mußte Herta im stillen lächeln über den ungeheuren Umfang des Reisekoffers. Da war es wohl am besten, einen Wagen zu nehmen!

«Die Hälfte der mitgebrachten Kleider wird sie wohl kaum brauchen», dachte Herta während der Fahrt, als Lucie sie in übersprudelnder Lebhaftigkeit damit überschüttete, was sie sich in den paar Wochen alles ansehen und anhören wollte in der Hauptstadt! Sie hörte vorläufig in stiller Geduld und weisem Schweigen zu und betete im stillen, daß Jesus doch selbst alles in die Hand nehmen und herrlich hinausführen möge.

Plötzlich verstummte Lucie mitten in ihrem leichtfertigen Geplauder. Sie sah die Freundin mit einem erstaunten Seitenblick an und platzte ehrlich heraus: «Du bist ja furchtbar sittsam geworden, seit wir uns das letztemal gesehen haben, Herta!»

«So, findest du?» gab diese mit feinem Lächeln zurück, «aber ich bin deshalb nicht weniger froh, im Gegenteil, weit glücklicher als früher.»

«Ja, freundlich bist du, wie die liebe Sonne, aber so – so – kurz, mit einem Wort, du bist ganz anders geworden.»

Über Hertas liebes Gesicht ging es bei diesen Worten wie ein heller Schein.

So war es auch wirklich. Lucie empfand immer stärker den von Herta ausgehenden Einfluß, aber behaglich fühlte sie sich keineswegs dabei; sie wurde innerlich unruhig und wußte nicht, warum.

«Es mag wohl auch mit an der Kleidung liegen», suchte sie entschuldigend einzulenken. «Hm, sag einmal, tragen denn eure Königskinder hier auch solche einfachen, runden Sportfilzhütchen?»

«Freilich!» sagte jetzt Herta fröhlich, «und du wirst noch

mehr als das an ihnen sehen – aber wir sind am Ziel, hier ist unser Haus!»

Ein bescheidenes und freundlich aussehendes Dienstmädchen öffnete die Haustür. Bald war Lucie samt ihrem mächtigen Koffer, den der Kutscher für eine besondere Vergütung gutwillig die zwei Treppen hinaufgeschleppt hatte, glücklich nach oben gebracht. Nachdem Lucie abgelegt hatte, führte Herta sie ihrer Mutter entgegen. Die Frau Rat streckte ihr in mütterlicher Herzlichkeit die Hand entgegen mit dem warmen Wunsch, daß sie sich recht heimisch bei ihnen fühlen möchte.

Dann kam das Abendbrot – da beteten sie zu Tisch. «Längst veraltete Sitte», dachte Lucie, «die man sogar in unserer spießbürgerlichen Kleinstadt bereits über Bord geworfen hat.» Sonst aber war es ganz gemütlich in dem traulichen Wohnzimmer und bei der liebevollen Aufmerksamkeit ihrer Gastfreunde.

Da Lucie müde war, bat sie, sich zeitig zurückziehen zu dürfen, und Herta brachte sie in ihr Schlafzimmer hinüber, das sie mit ihr teilen sollte.

«Sieh, wie hübsch mir Mama mein Mädchenstübchen eingerichtet hat! Hier vorne ist das Wohnzimmer, und dort hinter der Zuggardine stehen zwei Betten, damit ich gleich bequem eine liebe Freundin bei mir beherbergen kann. Abends können wir dann den Vorhang zurückziehen, damit wir mehr Luft zum Schlafen haben. In der Großstadt, wo man mit dem Raum nicht so verschwenderisch umgehen kann, muß man das Schöne gleich mit dem Nützlichen zu verbinden suchen. Es ist dir doch recht, daß du mit mir schläfst?»

«Gewiß, sogar sehr angenehm», gab Lucie liebenswürdig, aber etwas zerstreut zurück, dann fügte sie, plötzlich lebhaft werdend, hinzu: «Es erinnert mich an die Pensionszeit, wo wir auch ein Zimmer teilten und oft noch bis spät in die Nacht hinein auf der Bettkante saßen und miteinander plauderten, anstatt zu schlafen.»

«Das war freilich manchmal recht törichtes Zeug», entgegnete Herta sinnend, dann gab sie der Freundin rasch einen Gutenachtkuß und sagte innig: «Behüt dich Gott, meine Lucie, und schlafe dich morgen recht schön aus!»

Lucie wurde es nach ihrem Weggehen ganz eigentümlich zumute. Was war nur eigentlich in Herta gefahren? Die war ja kaum wiederzuerkennen in ihrem Wesen! Früher war es herüber wie hinüber immer so gewesen, als ob die Lunte ins Pulverfaß flöge, so zündeten die Ideen der einen im Herzen der anderen und brannten dann im gemeinsamen Feuer übermütiger Streiche fort. Jetzt schien Herta gar nicht mehr dafür zu haben zu sein; hatte sie die alten Erinnerungen denn ganz vergessen? Wohl war sie frisch und fröhlich, sogar herzlich und liebevoll, und sie hörte ihr geduldig zu; aber sie sah so weltentrückt dabei aus und ging nicht mehr wie früher so lebhaft darauf ein. Wie sollte denn da eigentlich die Ballkleidfrage gelöst werden, für die sie sich in ihrem Brief so bereitwillig zur Verfügung gestellt hatte?

Unter diesen trüben Gedanken hatte Lucie sich zur Ruhe begeben und das Licht ausgelöscht. Doch – was war denn das noch für ein heller Schein? Sie sah aufmerksam hin. An der gegenüberliegenden Wand über Hertas Bett hing ein Leuchtspruch. «Was würde Jesus dazu sagen?» stand in silberweiß glänzenden Lettern darauf. Welch eine Frage!

Lucie schloß wie geblendet die Augen, aber dann preßte sie die Hand aufs Herz, als ob es dort weiter brennte. Und unwillkürlich mußte sie an ihr weißes Ballkleid denken.

Ach was! Unsinn! Das hatte doch gar nichts damit zu tun – und gewaltsam suchte sie die lästige Frage abzuschütteln.

Aber sie verfolgte sie noch bis tief in den Schlaf hinein. Sie träumte, sie sei auf dem Ball, und auf die breite Schärpe ihres weißen Kleides sei eben jene eigentümliche Frage gestickt. Sie wollte sie hastig abreißen, aber das ging nicht, so sehr sie sich auch quälte und mühte.

Am nächsten Morgen wurde Lucie durch den Gesang eines geistlichen Liedes geweckt, das durch die Stubentüre herüberklang. Sie horchte verwundert auf und rieb sich die Augen – war das auch Traum? Nein! es sang wirklich, und es war ja auch schon heller Tag; da war es wohl Zeit zum Aufstehen.

Drüben im Wohnzimmer verstummte jetzt der Gesang. Mutter und Tochter hatten ihn zu ihrer Morgenandacht angestimmt. «Ich möchte doch jetzt einmal nach Lucie sehen, ob sie wach ist und etwas braucht», sagte Herta nach Schluß der Andacht. Dann fügte sie mit einem kleinen Seufzer hinzu: «Schade, daß sie den ersten Tag bei uns nicht im gemeinsamen Gebet mit angefangen hat, es tat mir schon gestern abend leid, daß sie sich noch vor dem Abendsegen zurückzog.»

«Das laß dich nicht kümmern, liebes Kind», tröstete die Mutter. «Lucie ist eine Natur, die sich nicht zwingen läßt; ich fürchte, wenn wir sie zu sehr bestürmen, gegen ihre Überzeugung an unserem Leben teilzunehmen, geht sie uns wieder auf und davon! Unsere Art ist ihr ja ganz ungewohnt. Laß sie sich nur erst einleben! Wir wollen es ihr recht gemütlich bei uns zu machen suchen, dann wird sie vielleicht von selbst Verlangen darnach bekommen und fragen, wie wir dazu kamen. Bei uns ging es ja auch nicht so schnell!»

«Ja, du hast recht, Mama! Ich vergesse zu leicht, wie lange der Herr mit mir Geduld haben mußte. Aber so ist das menschliche Herz: Wenn ihm endlich das Licht aufgegangen ist, verlangt es von seiner Umgebung gleich, daß sie es auch sofort erfassen soll, ohne daran zu denken, daß Vorarbeit dazu gehört.»

«Ja, das eigene Ich», sagte die Mutter mit feinem Lächeln. «Wir wollen es ihr freistellen, unsere Andachten zu teilen, und es sie durch aufrichtige Liebe fühlen lassen, daß uns ihre Gegenwart dabei herzlich willkommen ist. Wenn wir sie zwingen, stoßen wir sie sicher zurück, statt sie anzuziehen.»

«Wie gut du Lucie kennst, Mama. Ja, sie ist widerspruchsvoll und launenhaft; aber im Grunde genommen ist sie doch eine ehrliche Natur, die gerade heraus sagt, was sie denkt. Zum Fromm*tun,* dazu würde sie sich nie verstehen, das wäre ja auch Heuchelei. Dazu möchte ich sie um keinen Preis verleiten. Aber ich will recht lieb zu ihr sein und alles andere in Jesu Hand legen, denn er vermag alles.»

Eine halbe Stunde später erschien Lucie in einem hocheleganten, weichfallenden Morgenrock im Wohnzimmer. Herta eilte auf sie zu und führte sie, nachdem sie die Frau Regierungsrat begrüßt hatte, freundlich an den gedeckten Kaffeetisch. «Nun, du mußt freilich vorlieb nehmen», sagte sie munter, «aber ich gieße dir gleich noch einmal frischen Kaffee nach und leiste dir dann Gesellschaft. Ich trinke dir zuliebe selber noch ein Täßchen mit, denn so allein schmeckt es nicht gut.»

«Dieses große Opfer können Sie ruhig annehmen, liebes Kind, denn das fällt nämlich meiner Herta gar nicht so schwer», warf die Mutter lächelnd ein.

«Und du, Mama, bist am Ende gar nicht abgeneigt, die Dritte im Bunde zu sein? Wie wär's, wenn wir zu Lucies Empfang alle drei noch einmal frühstückten?»

Frau Rat gab ihre Zustimmung, und bald saßen sie vereint bei dem duftenden Trank, und es war wirklich so gemütlich, daß es Lucie dabei warm ums Herz wurde.

Nachdem abgeräumt war, fragte Lucie plötzlich unvermittelt: «Was war denn das für ein Lied, das du vorhin gesungen hast? Es erinnerte an geistliche Musik und war doch kein Gesangbuchlied, es klang so frisch.» Hertas Herz zitterte vor Freude. Wie wunderbar doch der Herr die Anknüpfungspunkte herbeiführte, wenn man ihm alles in die Hand legte! Sie schritt rasch zum Instrument, und den Deckel zurückschlagend, sagte sie freundlich: «Vielleicht darf ich es dir noch einmal vorsingen, wenn es dir Freude macht?»

Lucie nickte stumm. Und bald schwebte eine klare Melodie durchs Zimmer, in die sich die Textworte harmonisch einfügten:

«Ich weiß einen Strom, dessen herrliche Flut
fließt wunderbar stille durchs Land,
doch strahlet und glänzt er wie feurige Glut –
wem ist dieses Wasser bekannt?
O Seele, ich bitte dich, komm,
und such diesen herrlichen Strom!
Sein Wasser fließt frei und mächtiglich,
o glaub's, es fließet für dich!»

Als das Lied zu Ende war, wandte sich Herta um und fragte: «Nun, wie hat es dir gefallen?»

«O ganz gut!» entgegnete diese, wie aus tiefen Gedanken emporfahrend. «Namentlich die Melodie ist sehr hübsch. Der Text berührt etwas eigentümlich, es liegt eine ziemlich starke Herausforderung darin, eigentlich ein bißchen zu derb anfassend für zartnervige Menschen. Ich möchte jetzt lieber nicht mehr davon hören.»

Herta legte ebenso freundlich und ohne alle Empfindlichkeit das Notenbuch wieder beiseite. Für den Rest des Vormittags hatte Herta verschiedene häusliche Pflichten zu erfüllen. Sie bat deshalb die Freundin, sich selbst etwas durch Musizieren oder Lesen zu unterhalten. –

Nachmittags wollten sie ein Stück spazierengehen, doch kamen sie bei dem wirbelnden Schneesturm nicht weit. Auch war es heute zu finster, um die Kleidereinkaufsfrage zu lösen, die Lucie auf dem Herzen brannte. Herta aber dachte still-beglückt: «Wie herrlich ist es doch, wenn man dem Herrn alles ruhig überläßt, dann sorgt er bis ins kleinste hinein, selbst wenn es durch Hindernisse ist.» Sie hatte auf Lucies lebhaftes Bedauern wegen des dunkeln Tages rasch ablenkend gesagt, sie wollten sich in dieser Angelegenheit nicht überstürzen, sie bekäme schon noch zur rechten Zeit ihr weißes Kleid. Und dann hatte sie so geheimnisvoll lächelnd hinzugefügt: «Eigentlich hätte ich dir gern erst gezeigt, wie die hiesigen Königskinder gehen.» Sie dachte dabei an die Evangelisationsversammlungen und Bibelstunden, zu denen sie die Freundin mitzubekommen hoffte. Lucie hingegen war sehr verwundert. Wollte denn Herta mit ihr ins Schloß gehen? Oder war sonst eine Gelegenheit, vielleicht gar eine Ausstellung am Ort, wo man königliche Kinder sehen konnte?

Am Abend dieses ersten Tages, den Lucie bei Herta und deren Mutter zugebracht hatte, wo sie nun schon etwas heimisch geworden war, saßen sie nach dem Abendbrot noch ein wenig traulich plaudernd beisammen, bis die Mutter nach neun Uhr zur Nachtruhe mahnte. Doch ehe sich Lucie noch zum Aufbruch anschicken wollte, sagte sie freundlich, zu dem jungen Mädchen gewandt:

«Wenn es Ihnen Freude macht, unsere Abendandacht zu teilen, sind Sie uns herzlich willkommen dabei. Doch wollen wir Ihnen keinerlei Zwang damit auferlegen, falls Sie sich lieber zurückziehen. Sie sollen bei uns ganz frei sein.»

Lucie war wohl etwas überrascht von diesem Anerbieten, aber aus Höflichkeitsrücksichten blieb sie. Die weise Hausmutter las heute einen Psalm voll lieblicher Lockungen und preisender Lobgesänge auf die herrlichen Freuden des Gottesvolkes, das Jehovas Bund und Zeugnis hält. Dann betete sie herzlich und eindringlich frei aus dem Herzen, wobei sie auch in warmer Fürbitte Gottes Segen auf ihren jungen Gast herabflehte.

Das Gebet griff Lucie seltsam ans Herz. Sie konnte sich des Eindrucks nicht erwehren, daß ihre Gastfreunde viel selbstloser und aufopferungsfähiger für andere und dabei glücklicher waren als sie selbst, denn sie dachte in ihrer Selbstsucht eigentlich nie an andere. Sie fühlte sich jetzt plötzlich beschämt darüber. Auf der anderen Seite ärgerte es sie eigentlich, daß dieses Licht in ihre Seele gefallen war. Sie zog sich daher mit ziemlich gemischten Gefühlen zur Nachtruhe zurück.

Drüben im Schlafzimmer sagte sie halb ironisch zu Herta: «Seid ihr eigentlich katholisch geworden, daß ihr soviel betet?»

Da lachte diese herzlich und entgegnete fröhlich: «Nein! Aber echt evangelisch, denn die meisten Namenchristen sind es heutzutage nicht mehr. Sie wissen es ja gar nicht einmal, was in der Bibel steht, und deshalb kommt es ihnen fremd vor, wenn man danach handelt!»

Lucie hatte für diesmal wieder genug, denn sie mußte sich im stillen fragen, ob sie vielleicht auch nur ein Namenchrist sei. Sie lag noch eine Weile unruhig mit offenen Augen im Bett, dann hatte sie nicht übel Lust, noch einmal Herta zu fragen, ob sie das vielleicht vorhin mit Absicht und mit Bezug auf sie selbst gesagt habe, denn es ärgerte sie hinterher. Aber Herta schien schon friedlich zu schlummern. Dagegen leuchtete von ihrem Bett wieder die verfängliche Frage herüber: «Was würde Jesus dazu sagen?» Und sie mußte im Herzen sofort antworten, daß er sie wohl kaum als seine Jüngerin angesehen hätte. Aber auch der Feind war nicht müde. «Du bist doch getauft und konfirmiert, gehst regelmäßig zur Kirche und gibst von deinem Taschengeld für die Armen», flüsterte er ihr beschwichtigend zu, «man darf eine Sache auch nicht übertreiben, wie z. B. deine Freundin hier und ihre Mutter tun. Zu fromm sein ist auch nicht gut, da darf man ja nicht mehr lustig sein!»

Lucie seufzte im stillen. Ja, das hatte sie schon an Hertas Interesselosigkeit für ihre Ballangelegenheiten gemerkt. Lange konnte sie dieselben übrigens nicht mehr hinausschieben lassen, sonst bekam sie ihr Kleid überhaupt nicht mehr gemacht. Es war auch besser, es würde sobald als möglich fertig und sie reiste wieder ab, sonst würde sie am Ende von den beiden noch ganz in deren Frömmigkeit eingesponnen. Das durfte nicht geschehen – und sie wappnete sich plötzlich mit Widerstand.

Am nächsten Morgen verschlief sie absichtlich die Frühandacht und erschien erst ziemlich spät. Nachher bereute sie es jedoch, denn dadurch waren sie wieder nicht am Vormittag, der doch die günstigste Zeit zum Einkaufen war, in die Stadt gekommen. Sie hoffte auf den Nachmittag, doch da kam unerwarteter Besuch. Darüber ärgerte sich Lucie, denn die Dame wurde zum Kaffee eingeladen, und bald war diese mit Herta und deren Mutter in ein angeregtes geistliches Gespräch vertieft, in dem sie von Bekehrung und Wiedergeburt, Gestorbensein und Leben mit Christus, von dem eigenen Ich, dessen Durchkreuzen und anderem mehr redeten. Lucie saß dabei wie einer, der eine fremde Sprache reden hört und sie nicht versteht.

Plötzlich unterbrach sich die Dame und sagte: «Sie kommen doch heute abend auch zu der Evangelisationsversammlung, nicht wahr? Man möchte sich doch am liebsten keinen Vortrag entgehen lassen! Ich hoffe, daß ich alle Abende hingehen kann.»

«Wir würden auch gerne hingehen», sagte Frau Kersten mit einem fragenden Blick auf Lucie. Da fiel ihr Herta schnell ins Wort: «Oh, Lucie geht sicher mit!» Dabei schlang sie den Arm um die neben ihr sitzende Freundin, während sie lebhaft auf sie einredete: «Diesen Genuß darfst du dir nicht versagen. Solch einen Redner hast du sicher noch nie gehört! Nicht wahr, Lucie, du kommst mit uns, bitte, bitte!»

Auch die beiden älteren Damen unterstützten diese freundliche Einladung; Lucie war aber heute wegen des Hinausschiebens ihrer eigenen Wünsche in schlechter Stimmung. Sie machte sich ziemlich hastig von Herta los und sagte ablehnend: «Du bist sehr freundlich; aber ich danke dir, ich liebe solche Vorträge nicht!»

Herta sah sie erschrocken an, während sich ihre blauen Augen langsam mit Tränen füllten. Doch die Mutter nickte ihr rasch beschwichtigend zu und sagte vermittelnd: «Vielleicht ist es deiner Freundin nur heute gerade nicht angenehm, aber sie nimmt es dir gewiß nicht übel, wenn du selbst hingehst. Ich werde dafür daheim bleiben und unserem lieben Gast Gesellschaft leisten.»

Das aber wies Lucie ganz energisch zurück. «Bitte, lassen Sie beide sich durch mich ja nicht abhalten, auszugehen», sagte sie mit höflicher Bestimmtheit. «Ich werde mir erlauben für meine eigene Unterhaltung zu sorgen und inzwischen die Oper besuchen. Es werden wohl jetzt noch Karten zu haben sein; ich will gleich einmal dorthin gehen.» Und ehe die anderen sich's versahen, war sie schon zur Türe hinaus, um sich anzukleiden.

Herta wollte ihr erschrocken nacheilen, aber die Mutter hielt sie davon zurück. «Was man nicht halten kann, muß man laufen lassen», sagte sie ganz ruhig, «vielleicht ist auch das des Herrn Zulassung, um ihr die Welt, an der sie noch so hängt, erst gründlich zu verleiden; denn sie geht doch schon mit einem Stachel im Herzen hin.»

«Ja, die Kinder, die an dieser Welt hängen, flattern wie Falter solange um das Licht, bis sie sich die Flügel versengen», stimmte der Besuch bei.

Herta hatte sich inzwischen wieder gefaßt und verteidigte die Freundin warm. «Lucie ist aber dabei eine aufrichtige Natur, die schon zur Zeit noch umkehren wird.» Dann leuchteten ihre Augen hell auf und sie fügte hinzu: «Ja, ich weiß ganz bestimmt, daß sie bald kommt; der Herr Jesus hat es mir versprochen.»

«Da wollen wir ihn doch gleich bitten, daß er unserer Lucie den Theaterweg zum Segen ausschlagen läßt», sagte die Mutter, «er hat ja verheißen, wo zwei oder drei versammelt sind in seinem Namen, da will er mitten unter ihnen sein.»

Die beiden anderen stimmten freudig zu, und so beteten sie zusammen. Am heißesten flehte Herta um die Bekehrung der Freundin. Dann trennten sie sich. –

Es dauerte nicht mehr lange, da kam auch Lucie wieder, mit triumphierender Miene. Sie hatte richtig noch eine Karte im Vorverkauf bekommen, dazu noch im ersten Rang. Papa hatte ja ihren Geldbeutel gespickt.

Ihre Gastfreunde empfingen sie so unverändert freundlich, als wäre nichts geschehen. Die Frau Regierungsrat sorgte in mütterlicher Weise dafür, daß das Abendbrot zeitig auf den Tisch kam und versprach Lucie, ihr das Mädchen punkt halb elf Uhr an den Haupteingang des Opernhauses zu schicken, um sie dort abzuholen. –

So gingen sie getrennte Pfade, Mutter und Tochter in die Versammlung und ihr junger Gast in die Oper.

Nun glaubte Lucie, der frommen Geschichte glücklich entronnen zu sein; aber sie konnte der selbsterwählten Freiheit nicht so recht froh werden. Erstens machte sie die gänzlich fremde Umgebung etwas unsicher, denn sie war noch nie allein im Theater gewesen. Zudem hatte sie einen ziemlich ungünstigen Platz, und zum Überfluß noch wenig angenehme Nachbarschaft: hinter sich zwei lebhaft schwatzende Damen, die zu allem halblaute Bemerkungen machten, neben sich einen älteren Herrn, der fortwährend mühsam keuchte, und vor sich ebenfalls einen breitschulterigen Mann, der ihr die ganze Aussicht nahm. Auch saß sie viel zu nahe am Orchester, gerade an der Seite, wo die Pauke dröhnte; sie hätte sich manchmal die Ohren zuhalten mögen.

Weit quälender aber noch als all dies äußerlich störende Zusammenwirken verfolgte sie Hertas angstvoll bittender Blick und ihr herzlicher Abschiedsgruß: «Behüt dich Gott, meine Lucie, und nimm keinen Schaden.» – Ja, stand denn ihre Seele in Gefahr im Theater? Sie wüßte doch nicht in welcher Weise! War denn das Theater etwas Böses? – «Was würde Jesus dazu sagen?» hieß es da plötzlich in ihrem Inneren.

«Zu dumm!» versuchte sie diese Gewissensstimme abzuschütteln; eine solche Frage gehörte doch wahrlich nicht hierher. – «Ja, aber warum denn nicht?» mahnte es unerbittlich weiter. «So kann man also Jesus nicht mit ins Theater nehmen? Das müßte man doch können, wenn es wirklich etwas Gutes ist.» –

Sie versuchte es sich krampfhaft vorzustellen, ob das nicht

in Wahrheit so sein könnte, daß der Heiland mitten unter den Reihen der Theaterbesucher säße, sich mit ihnen belustigte und womöglich gar Beifall klatschte! –

Sie schrak innerlich vor diesem lästerlichen Gedanken zurück. Wie? Er, der Reine, Heilige, der von keiner Sünde wußte, mitten in diesem Schwarm geputzter Leute, die Dornenkrone auf dem Haupt, die ihm einst die Stirn wundgedrückt hatte, an den Händen und Füßen noch die Nägelmale seiner Wunden, er, dessen Augen wie Feuer flammten und durchdringend, forschend über die Menge schweiften – auch hin bis zu ihr – mit der ernsten, vorwurfsvollen Frage: «Das tat ich für dich! Was tust du für mich?»

Und sie hätte antworten müssen: «Gar nichts! Denn ich habe keine Zeit für dich – ich muß mich zerstreuen!» – Lucie hätte aufschreien mögen vor innerer Qual bei dieser Vorstellung – nein und abermals nein! Hier im Theater hätte der Heiland der Welt nicht mit Wohlgefallen weilen können, weder in seiner Marterschöne noch in seiner Königsherrlichkeit! Ach, wenn er wirklich hier gewesen wäre, hätten ihn da nicht aller Augen anschauen müssen, anstatt auf die Bühne zu sehen? Wen hätte da noch das schillernde Blendwerk angezogen, das man ihnen dort vorgaukeln wollte? Ging es ihr nicht schon selber so, daß sie bei dem bloßen Gedanken an ihn das Interesse dafür verlor?

Sie mochte sich wehren, soviel sie wollte, dieser Sturmflut aufgewühlter Gewissensfragen zu entrinnen, sie rissen sie nur immer tiefer in die Unruhe hinein und zwangen sie förmlich, immer neue Vergleiche anzustellen zwischen der göttlichen Heiligkeit Jesu und dem nichtigen Erdentand da vor ihr und um sie herum. Es fing tatsächlich schon an, ihr zum Überdruß zu werden, und sie wünschte sehnlichst, daß das Stück bald zu Ende sein möchte. Am liebsten wäre sie schon in der letzten Zwischenpause hinausgelaufen. Aber das Mädchen erwartete sie ja erst um halb elf Uhr mit dem Hausschlüssel. Da mußte sie ausharren. Doch ihre Ungeduld stieg immer höher. Sie sah im letzten Akt kaum mehr nach der Bühne hin, denn die Gestalten darauf schienen ihr alle schattenhaft durcheinander zu schwimmen, einmal wurde es ihr sogar ganz schwarz vor den Augen, als überwältigte sie ein Ohnmachtsgefühl. Sie atmete wirklich wie erlöst auf, als der Vorhang zum letztenmal niederging. Dann strebte sie hastig dem Ausgang zu.

Ja, mit dem einen Faktor hatte Lucie in den stürmischen Freiheitsgelüsten nicht gerechnet: daß eine starke Gebetsmacht hinter ihr stand.

Daheim erwartete sie noch Herta in liebevoller Besorgnis. Sie eilte ihr schon im Korridor entgegen und zog sie unter teilnehmenden Fragen ins warme Zimmer. – «Wie kalt bist du, armes Herz! Komm, trinke gleich noch eine Tasse heißen Tee, das tut gut bei dem naßkalten Wetter!»

«Ja, mich fröstelt», klagte Lucie leise, während sie innerlich zusammenschauerte und sich deshalb Hertas zärtliche Fürsorge gerne gefallen ließ. Nach einer Weile sagte sie sinnend: «Dir scheint das Wetter nichts ausgemacht zu haben, du siehst ja merkwürdig frisch und förmlich strahlend aus.»

«O es war auch so wunderbar heute abend, daß ich das Schneegestöber auf dem Heimwege gern mit in Kauf genommen habe und trotzdem sehr froh geblieben bin.»

«Das scheint ihr immer zu sein, gleichviel, ob euch etwas Freudiges oder Unangenehmes begegnet», äußerte sich Lucie verwundert und seufzte tief dabei.

«Ja, bei Jesus kann man das tatsächlich in allen Lebenslagen sein, denn er schenkt ein Glück, das bleibt», sagte Herta mit leuchtenden Augen. Dann fügte sie plötzlich hinzu, indem sie die Freundin forschend ansah: «Warst du selbst denn heute abend nicht froh? Hat es dir nicht gefallen in der Oper?»

«Nein, nicht besonders!» gestand Lucie ehrlich. «Das Stück war nicht nach meinem Geschmack. Die Hauptdarstellerin war erkältet und schlecht bei Stimme. Auch sonst gab es manche Störungen, die mir sehr unbehaglich waren.»

Sie starrte nach den letzten Worten so merkwürdig grübelnd vor sich hin – dann fuhr es ihr plötzlich halb ungewollt heraus: «Und das kommt alles von deinem dummen Leuchtspruch her. Den kannst du, bitte, heute abend auf die andere Seite drehen, damit man wenigstens einmal ruhig einschlafen kann, denn ich bin sehr müde.»

Herta mußte an sich halten, daß sie trotz der Gereiztheit der Freundin nicht laut aufjubelte. So hatte der Geist Gottes also doch schon angefangen, in Lucies Herzen zu wirken. Doch Lucie war sich dessen ja noch selbst nicht bewußt, da hätte sie ihre Freude auch nicht verstanden. Deshalb sagte sie nur, sich zu freundlicher Ruhe zwingend: «O dann entschuldige bitte, ich wußte nicht, daß er dich störte. Mir ist der Spruch schon so unendlich lieb geworden.»

«Ja, kann einem so etwas lieb werden?» fragte Lucie im höchsten Erstaunen. «Bei allem, was man denkt und tut, diese richtende Frage! Mir wäre das schrecklich!»

«Oh, das ist nur im Anfang so, wenn man Gottes Willen noch nicht gerne tun mag; aber wenn wir erst erfahren haben, daß Gottes Ratschluß lauter Liebe ist, dann fragen wir gerne bei allem: ‚Was würde Jesus dazu sagen?'»

«Das kann man vielleicht bei euch so durchführen, aber nicht bei mir», gab Lucie zurück, dann brach sie rasch ab: «Laß mich jetzt schlafen gehen, mich regen solche Gespräche furchtbar auf.»

Herta schwieg weislich stille. Sie ließ die Freundin nur ihre unveränderte Liebe fühlen und war ihr behilflich, daß sie bald zur Ruhe kam. Sie selber drehte, ehe sie sich legte, den Wandspruch leise um. Den Gefallen konnte sie Lucie schon tun; sie wußte ja, daß er ihr trotzdem im Herzen weiter brannte. –

Am nächsten Morgen geschah das Wunderbare, daß Lucie, trotz ihres späten Nachhausekommens und ihrer geäußerten Abneigung gegen göttliche Dinge, schon zur Frühandacht im Wohnzimmer erschien.

Mutter und Tochter begrüßten sie mit sichtlicher Freude, und Lucie selbst schien sich unter dem Worte Gottes ganz wohl zu fühlen. Sie bat sogar um ein zweites Lied.

Später fragte sie Herta, ob sie selber denn gar nicht mehr zum Ball oder ins Theater ginge, und diese erklärte mit demselben strahlenden Blick wie gestern abend: «Ich brauche nicht mehr hinzugehen – denn ich habe etwas Besseres gefunden.»

«So? Wo denn?» fragte Lucie weiter. – «Bei Jesus, der ersetzt uns alles. Wenn wir ihn recht anschauen in seiner Herrlichkeit, dann schwindet all der Erdentand so klein und häßlich zusammen, daß wir ihn gar nicht mehr mögen.»

Diese Worte schlugen eine verwandte Saite in Lucies Seele an. Sie hatte das gestern im Theater auch erfahren müssen, und plötzlich sagte sie unvermittelt in ihrer geraden Weise: «Dann werde ich es einmal ausprobieren, wo es schöner ist; ich gehe heute abend mit in euren Vortrag.»

Jetzt ließ sich Hertas Jubel nicht mehr eindämmen. Beglückt über diese unerwartete Zusage, schlang sie die Arme um den Hals der Freundin. Dann lief sie rasch davon, um ihrer Mutter die Freudenbotschaft zu bringen.

Lucie sah ihr kopfschüttelnd nach. «Wenn ich der Kleinen eine solche Freude mit meiner Begleitung machen kann, tue ich es doppelt gern!» sagte sie zu sich selbst.

Am Abend saß Lucie richtig mit unter der Zuhörerschaft in der Evangelisationsversammlung. Sie hatten einen guten Platz bekommen, denn sie waren zeitig gegangen. Daran hatten sie wohlgetan; denn schon strömte es von allen Seiten herbei, und der große Saal begann sich rasch zu füllen, sogar bis auf die Galerien hinauf. Lucie sah sich verwundert und vorläufig noch neugierig um. Sie hatte gar nicht gedacht, daß in der Großstadt, wo es soviel Vergnügen gab, eine solche ungeheure Menschenmenge sich für religiöse Vorträge interessierte, die sogar in ihrer Kleinstadt nicht mehr als «zeitgemäß» galten.

Zum weiteren Nachdenken und Vergleicheziehen war aber jetzt keine Zeit mehr, denn die Versammlung begann, und bald brauste ein vom Rednerpult herab angegebenes Eröffnungslied über die tausendköpfige Menge hin. Dann erhob sich die Versammlung zum Gebet. Das machte einen überwältigenden Eindruck auf Lucie. Das glaubenskühne Anpochen an des Himmels Pforten nahm sie gleich von vornherein gefangen. Darauf richtete sie ihr Augenmerk gespannt auf den Redner, was er wohl sagen würde. Ein prüfender Blick glitt über ihn hin. Er war nicht sehr groß, eine noch jugendlich aussehende, angenehme Erscheinung. Die hohe Stirn trug den Stempel reicher Erfahrung und gereifter Männlichkeit.

Was er sprach, war klar und überzeugend, einfach und doch packend. Man mußte sich unwillkürlich sagen: der Mann spricht die Wahrheit. Und wie er hineingriff ins praktische Leben, wie er die Zustände des Herzens kannte! Mit ein paar festen Strichen zeichnete er oft eine ganze Lebensgeschichte und traf mit einem einzigen schlagenden Satz den Nagel auf den Kopf. Ja, wirklich, er verstand es, den Hammer des Wortes Gottes zu schwingen, und wo er hintraf, da gab es Entscheidung oder wenigstens Aufruhr im Inneren.

Auch Lucie saß erregt da; hatte denn Herta ihrem sogenannten geistlichen Vater gestern abend noch erzählt, daß sie gern auf den Ball gehen wollte? Er sprach fortwährend von weißen Kleidern! Doch es hatte ja niemand vorher gewußt, daß sie heute mitkommen wollte!

Der Evangelist sprach nämlich über einen Text aus der Offenbarung, wo der Seher Johannes die große Schar aus allen Völkern und Sprachen vor dem Thron des Lammes stehen sieht, mit weißen Kleidern angetan und Palmen in den Händen. In greller Beleuchtung schilderte er die mannigfachen Festgewänder der Menschen unserer Zeit, die trotz ihrer blendenden Weiße durch soviel Ungerechtigkeit und unreine Weltliebe befleckt sind. Dagegen stellte er den Zuhörern «das weiße Kleid der Gerechtigkeit», das Gottes Wort verheißt, im Lichte der ewigen Wahrheit begehrenswert vor Augen. Wie das herniederströmte aus dem oberen Heiligtum und in die Herzen zündete! Es war, als ob es nicht mehr der Mann selber wäre, der da vor ihnen redete. Nur wie ein Werkzeug einer höheren Macht stand er da. Er war gleichsam wie ein Kanal, durch den der Brunnquell des ewigen Lebenswassers rauschte.

Die Menge lauschte atemlos. Es war, als hätte sich der Himmel aufgetan, und man könnte direkt hineinschauen und dort die weißgekleidete Schar der Überwinder sehen, die ihre Palmen schwangen und dem Lamme Preis und Halleluja zujubelten.

O wer einst mit dort unter ihnen weilen dürfte! Das war

der heiße und verlangende Wunsch, der heute abend wohl durch viele Herzen ging.

Auch in Lucie war er mit Gewalt aufgewacht. Wie Schuppen fiel es ihr plötzlich von den Augen, daß Herta schon in ihrem ersten Briefe dieses «weiße Kleid» gemeint hatte, das sie ihr suchen helfen wollte. Sie hatte sie an die Stätte geführt, wo sie es finden konnte.

Ein scheuer Seitenblick streifte die Freundin, auf deren Antlitz ein stiller Glanz lag; so dachte sich Lucie ein Engelsgesicht. – Eine tiefe, heiße Sehnsucht durchzitterte Lucies Herz, ihr gleich zu werden. Sie fühlte deutlich, daß sie selbst das weiße Kleid der Gerechtigkeit noch nicht besaß. Aber sie mußte es haben – um jeden Preis – das stand bei ihr fest.

Das war das Ergebnis ihres ersten Besuches einer Evangelisationsversammlung, obwohl sie tags zuvor noch so geringschätzig ablehnend gesagt hatte: «Ich liebe solche Vorträge nicht!» – Ja, wenn Gottes Winde wehen, dann ist es sel'ge Zeit!

Auf dem Heimweg war Lucie ganz stumm – ihrem sonstigen lebhaften Wesen, das über alles kritische Bemerkungen machen mußte, vollständig entgegengesetzt. Mutter und Tochter warfen einander nur einen verständnisinnigen Blick zu. Die Sache war, wie es schien, noch viel zu zart, um daran zu rühren. Möchte dieses junge Herz erst allein seinem Gott begegnen – da war es der beste Liebesdienst, es nicht darin zu stören.

Lucie sprach auch am anderen Tage nicht viel. Sie erwähnte weder ihr Ballkleid noch das himmlische der Gerechtigkeit. Gegen Abend sagte sie bittend zu Herta: «Wir gehen doch nachher wieder in die Versammlung? Es hat mir gestern abend gefallen.»

«Aber natürlich, wenn es dir nicht zuviel wird», entgegnete Herta beglückt.

«O nein, man muß doch mitnehmen, was einem geboten wird», versetzte Lucie ausweichend, «in unserem Städtchen hört man solch einen Redner nicht!»

An diesem Abend lautete das Thema des Vortrags ganz anders. Es war eine ernste Frage: «Adam, wo bist du?»

O aus allen Schlupfwinkeln der Sünde holte er sie hervor, die Menschen, die sich vor Gott versteckten, und der Schutz ihrer Feigenblätter, mit dem sie ihre bösen Taten zudeckten, hielt nicht stand vor den Flammenaugen Gottes. Jehova sah bis auf den Grund der Seele.

Auch über Lucie wurde heute das Gericht gesprochen. Gestern abend hatte der Herr ihr den Ort, da seine Ehre wohnt, lieblich gemacht, um ihr zu zeigen, daß die Freuden des Volkes Gottes weit köstlicher und höher sind als die flüchtigen Genüsse der trügerischen Welt. Doch um das alles zu bekommen, mußte sie erst durch die enge Pforte gehen, und da kam kein Unreiner hindurch. Im Lichte der göttlichen Wahrheit erkannte Lucie ihr Herz. Wie eine Zentnerlast legten sich alle ihre Sünden auf ihre Seele – ihr Stolz und Hochmut, die beißende Spottsucht und geringschätzige Verurteilung, die sie daheim über ihre Altersgenossinnen ergoß, besonders der häßliche Neid und die Mißgunst gegen Doktors Alice bedrückten sie schwer, ebenso ihre Tyrannei gegen die arme, kleine Elli. Dazu ihre Unehrerbietung und Launenhaftigkeit gegenüber ihren Eltern, vor allem aber ihre grenzenlose Selbstsucht, die immer nur das Eigene suchte und alle anderen rücksichtslos beiseite schob, um selbst zu glänzen. Ach, nicht zu zählen waren sie, ihre vielen Sünden, unheiligen Begierden und Übertretungen der heiligen Gottesgebote. O das war schrecklich, so in die Tiefen des menschlichen Verderbens im eigenen Herzen zu blicken. Sie wußte nicht mehr, wo aus noch ein.

Nach diesem Vortrag war sie nicht nur schweigsam, sondern auch namenlos bedrückt und niedergeschlagen.

Herta wollte sie auf dem Heimweg trösten, aber sie wehrte mit den ausweichenden Worten ab: «Laß mich nur, mir ist nicht wohl!»

Herta konnte weiter nichts tun als still für sie beten. –

Mitten in dieser Nacht wachte das junge Mädchen plötzlich auf und schaute erschrocken um sich. Ihr erster Gedanke war Lucie. Und richtig, diese hatte sie aus dem Schlaf geweckt. Sie saß aufrecht in ihrem Bett und weinte laut und bitterlich.

Mit einem Satz war Herta aus ihrem weichen Nest heraus und in den warmen Morgenrock geschlüpft. Dann eilte sie zu der Freundin hin, umschlang sie fest mit beiden Armen und fragte sie besorgt: «Lucie, mein armes Herz, was ist dir denn geschehen?»

«O meine Sünden, meine Sünden!» schluchzte sie verzweifelt – dann ein Aufschrei: «Herta, ich bin verloren!», und sie klammerte sich krampfhaft an sie an.

Herta ließ sie sich ausweinen. Dann sprach sie ihr den besten Trost zu, den es geben kann: die Botschaft von der Gnade Jesu Christi. Lucie lauschte mit verlangendem Herzen den Worten des Evangeliums, das ihr Gnade für Recht anbot. Doch konnte sie es lange nicht recht begreifen, daß das alles auch für sie gelten sollte, wo sie doch so schwer gefehlt hatte und gar nicht alles wieder gutmachen konnte. Sie meinte immer, sie müsse sich aus eigenem Verdienst die Seligkeit erringen. Der Blick auf das Kreuz Christi und das frische Zufassen in kindlichem Glauben ging ihr noch ab. Doch wurde sie wenigstens ruhiger und versprach, alles dem

Herrn Jesus zu überlassen, wie Herta es ihr geraten hatte. Dann betete sie noch mit ihr, und bald darauf lagen beide im Schlummer.

Am nächsten Abend war es selbstverständlich, daß man wieder in die Versammlung ging; es wurde gar nicht erst davon gesprochen.

Der Redner hatte es richtig wieder auf die Kleiderfrage abgesehen, als ob er ganz allein für Lucie spräche. Er stellte heute abend die «Braut des Lammes» dar und schilderte den königlichen Schmuck, in den Christus die Seinen einhüllen und dem Vater darstellen wolle – in reiner Schönheit – ohne Flecken und Runzeln. O war es denn möglich, daß man ein solch hohes Vorbild, solche strahlende Jesusähnlichkeit erreichen konnte?

Der Text lautete nur wenig anders als das erstemal:

«Und es war ihr gegeben, sich anzutun mit schöner und reiner Seide (welche ist die Gerechtigkeit der Heiligen).»

«Es war ihr gegeben!» Das war das rechte Wort für Lucies ringende Seele. Es war, als hätte der Evangelist um ihretwillen noch einmal dieses Thema bringen und ihr sagen müssen, daß man das weiße Kleid der Gerechtigkeit nicht erwerben könne, sondern als Geschenk annehmen müsse! Jetzt hatte sie es endlich begriffen – und – zugefaßt! Eine wunderbare Glückseligkeit überstrahlte plötzlich ihr Antlitz, und ein Friede und eine Freude erfüllten ihr Herz, wie sie sie bisher noch nie gekannt hatte. Sie wußte sich kaum zu fassen vor lauter Wonne, und als am Schluß dieses herrlichen Abends das Königslied gesungen wurde, da stimmte sie laut und begeistert in das «Krönt ihn, krönt ihn!» ein, so daß sich etliche Besucher erstaunt nach ihr umsahen. Warum sollte sie auch nicht jubeln und jauchzen? Sie war ja heute abend mit ihm gekrönt worden – zu seiner Königsbraut!

Auf dem Heimweg drückte sie plötzlich Hertas Arm in überströmendem Glücksgefühl ganz fest an sich und flüsterte ihr geheimnisvoll zu: «Du! Ich habe es! Heute abend ist es fertig geworden.»

«Was denn?»

«Mein weißes Kleid!»

Das war ein seliges Wandern durch die schweigende Mondnacht.

Als sie daheim in ihrem stillen Mädchenstübchen angelangt waren, brachten sie Gott gemeinsam das erste Lob- und Dankopfer dar, und Lucie weihte ihr junges Leben Christus.

Vor dem Schlafengehen sagte sie fröhlich: «So, nun kannst du den Spruch wieder auf die rechte Seite drehen! Jetzt soll er mir leuchten, nicht nur heute, sondern durch mein ganzes Leben bis an die Pforten der Ewigkeit!»

In dieser Nacht schlief Lucie wundervoll – und am nächsten Morgen jubelte sie mit Herta um die Wette am Harmonium immer wieder den Kehrreim eines schönen Liedes, das so ganz auf ihre Erfahrung paßte: «Süße Ahnung, selig Hoffen von der schönen Ewigkeit; ja, mir ist der Himmel offen, schon bereit das weiße Kleid!»

Die Frau Regierungsrat hörte mit stiller Freude zu, und ihr Auge ruhte dabei mit innigem Wohlgefallen auf den beiden jungen Mädchen. Jetzt brauchte sie Lucies Umgang für ihre Tochter nicht mehr zu fürchten – oh, und wie dankte sie dem Herrn für ihr glaubensstarkes Kind, das die weltliche Freundin durch ihr liebreiches Wesen und stilles Leuchten für Jesus und für das Himmelreich hatte gewinnen dürfen.

Das war nun eine sehr schöne Zeit, die Lucie als neugeborenes Gotteskind im Hause ihrer Gastfreunde verlebte. Sie nahm mit regem Eifer an allem teil, was die beiden Damen für Jesus taten. Sie, die daheim nie eine Hand im Haushalt gerührt hatte, kochte in heller Begeisterung Suppen für Arme mit, besuchte in Hertas Begleitung Kranke und beteiligte sich fleißig an allen sonstigen Liebeswerken der Freundin. Auch besuchte sie mit großer Freudigkeit die Versammlungsstunden; ein ganz besonderes Interesse hatte sie an den Seelen, die gleich ihr an den Evangelisationsabenden Jesu Eigentum geworden waren.

Nur zu schnell flog die schöne Zeit des Aufenthalts in der Großstadt dahin. Lucie genoß Freude über Freude, wenn auch ganz anderer Art, als sie bei ihrer Herfahrt geträumt hatte. Nur flüchtige Weltgenüsse hatte sie gesucht, und ein ewiges, himmlisches Glück hatte sie gefunden. Das blieb ihr auch, wenn sie wieder scheiden mußte – und der Abschiedstag kam bald heran.

Herta war ganz erschrocken, als die Freundin eines Tages erklärte, nun müsse sie wieder heim.

«O jetzt schon? Wo es gerade anfing, so schön zu werden», rief sie bedauernd; dann bat sie plötzlich warm: «Ach, gib doch ein paar Tage zu, bei uns stört es wirklich gar nicht, und weißt du, dabei kommst du auch am besten über die unangenehme Ballgeschichte weg.»

Sie war doch etwas besorgt geworden, daß das junge Gotteskind zu scharf ins Kreuzfeuer geraten und in ihrer Unerfahrenheit den Standpunkt nur schwer behaupten könnte. Es war doch etwas anderes, in geistlicher Atmosphäre zu atmen und gehoben und getragen zu werden, als plötzlich allein mitten in die gegnerische Weltströmung gestellt zu werden, der sie selber erst kaum entflohen war.

Doch Lucie blieb fest und schüttelte ablehnend den Kopf. «Nein, Herta, das wäre feige! Ich möchte im Gegenteil einen Tag vor dem Ball zurückfahren, damit sie es alle wissen, daß ich wieder da bin – und doch nicht hingehe. So gerne ich auch noch bei dir bliebe – aber was meinst du, was würde Jesus dazu sagen, wenn ich mir gleich diese erste schöne Gelegenheit, ihn freudig vor der Welt zu bekennen, entgehen ließe?»

«O wenn es so ist, dann segne dich Gott!» rief Herta freudig überrascht aus, «dann lasse ich dich gerne ziehen, und meine Gebete begleiten dich, daß du in deinem Heimatort ein helles Licht und großer Segen sein möchtest.»

So schied Lucie voller Dank und mit dem Versprechen, bald einmal wiederzukommen, und fuhr als ein neuer Mensch, mit gänzlich veränderten Lebenszielen, wieder der alten Heimat zu.

3.

Die Frau Bürgermeister hatte ihre Tochter bereits sehnlichst zurückerwartet. Sie war schon in helle Angst geraten, daß sie mit den Vorbereitungen zum morgigen Ballabend nicht mehr fertig werden könnten.

«Kind, bist du denn endlich da!» sagte sie, wie erlöst aufatmend, als Lucie ihr bei der Begrüßung jubelnd um den Hals flog. Dann betrachtete sie die Tochter verstohlen, die strahlte ja förmlich vor Glück! Dabei war sie so herzlich und bescheiden in ihrem Wesen, wie sie ihr Kind noch nie gekannt hatte. Früher hatte Lucie nur immer kommandiert, jetzt *bat* sie um alles. Das Merkwürdigste aber war, daß sie es gar nicht eilig mit dem Auspacken hatte. Sie trank erst in aller Gemütsruhe Kaffee und machte sich dann allerhand im Zimmer zu schaffen. Sonst hätte sie längst vor Ungeduld gebrannt, ihre Schätze zu zeigen. Jetzt begehrte die Mutter um so mehr, sie zu sehen. «Kind, pack doch dein neues Kleid aus, es zerknittert ja sonst ganz. Ist es denn auch wirklich so schön ausgefallen, wie du es dir ausgedacht hast? Deinem frohen Gesicht nach scheinst es fast so!»

«Ja, Mama, es ist über alle Begriffe herrlich. O ich hätte ja nie geglaubt, daß man mit solch reinen, weißen Kleidern angetan werden könnte, noch dazu von einem Königssohn», versetzte Lucie und leuchtete dabei nur so vor innerem Glück.

Die Mutter schüttelte verwundert den Kopf. «Kind, du sprichst in Rätseln, so zeig es doch endlich, wo hast du es denn eigentlich?»

«O Mama, ich habe es ja schon an», fuhr Lucie unbeirrt fort – und mit strahlendem Blick fing sie an zu erzählen von dem weißen Kleid der Gerechtigkeit, das Jesus uns durch seinen Tod am Kreuz auf Golgatha erworben hat. Sie berichtete eingehend von dem reichen Glück, das sie bei Herta und ihrer Mutter gesehen habe, die ihr ein Christentum vorgelebt hätten, wie sie es bisher noch nicht gekannt habe, und schilderte dann mit großer Begeisterung die herrlichen Versammlungsabende, wo auch sie unter der geisterfüllten Predigt die Heilung ihrer Seele erlebt habe und das alte, sündenbefleckte Kleid ihres bisherigen Lebens habe reinmachen dürfen durch die Vergebung.

Die Frau Bürgermeister war über dem Anhören dieses seltsamen Berichtes ganz still geworden. Eine solche Redeweise, und dazu aus dem Mund ihrer lebenslustigen Tochter, machte sie förmlich stumm und starr vor Entsetzen. Endlich atmete sie tief auf und wehrte angstvoll: «Kind, höre auf! Du sprichst im Fieber! Leg dich lieber zeitig hin, damit du morgen wieder frisch bist zum Ball.»

«Aber, liebste Mama, ich denke ja gar nicht mehr daran, hinzugehen, wozu brauche ich denn noch Vergnügen? Ich bin ja schon vergnügt! Übrigens brauchst du dich nicht so ängstlich um mich zu sorgen, ich bin munter wie ein Singvögelein und so klar im Kopf wie noch nie – ich glaube im Gegenteil weit eher, daß unsere bisherigen Religionsbegriffe verwirrt waren. Eigentlich ist es traurig, daß man so wenig vom wahren Christentum gewußt hat!»

Da wurde es der Mutter zu heiß in der Gesellschaft ihrer neubekehrten Tochter. Sie stand auf und ging leise hinaus. Lucie sah ihr nach und sagte: «Herr Jesus, laß sie die große Freude auch finden!» – Dann machte sie sich wohlgemut an das Auspacken ihrer Sachen. Zu ihrer größten Überraschung kam dabei plötzlich Hertas Leuchtspruch zum Vorschein, den diese ihr heimlich hineingeschoben hatte. «Meiner lieben Lucie zum Andenken an gemeinsame, segensreiche Tage» stand auf der Rückseite geschrieben.

«O wie lieb von der guten Herta!» rief sie erfreut. «Wie rührend sie immer an andere denkt!» – Erst wollte sie den Spruch über ihrem Bett aufhängen, damit sie besser einschlafen könnte! Doch plötzlich kam ihr der Gedanke, ihn in ihrem eigenen traulichen Wohnzimmer an einem Platz aufzuhängen, wo er tagsüber recht viel Sonne ziehen könnte, damit er in der Dämmerstunde, wenn hin und wieder eine ihrer Altersgenossinnen sie besuchen würde, um so mehr Licht ausstrahlen möchte – auch in ihre noch nicht für Jesus wach gewordenen Herzen hinein.

Nun kam der erst so heiß ersehnte, doch nun gefürchtete Balltag – und Lucie ging wirklich nicht hin, obwohl die Mutter noch einmal alles aufgeboten hatte, sie zu überreden, und ihr die große Schwierigkeit vorstellte, in die sie sich selbst wie ihre Eltern mit diesem Eigensinn brächte. Allein könnte sie doch auch nicht gut hingehen, denn sie müßte sich ja schämen, wenn man nach der Tochter fragte und es dem ganzen Ball bekannt würde, daß sie nur wegen einer frommen Laune nicht mitgekommen sei. Es war das erstemal, daß Lucie mit ihren Wünschen bei der Mutter auf Widerstand stieß. War das nicht merkwürdig? Solange es sich um wirkliche Launen handelte, hatte sie stets williges Gehör gefunden, und nun, da sie einen ganz berechtigten Grund zur Verzichtleistung hatte, war die sonst so schwache Liebe der Mutter plötzlich in starke Gegnerschaft umgeschlagen.

Die aufgeregte Dame brachte es wirklich nicht fertig, das Fest zu besuchen, und schützte Migräne als Grund des Daheimbleibens vor. Lucies Vater hingegen war ganz froh, um den Anlaß herumzukommen. Er liebte solchen «Rummel» nicht; denn eigentlich gab er dabei nur die Begleitfigur für Frau und Tochter ab und hatte dafür die Ehre, die große Geldbörse zu führen. Es war ihm ganz recht, wenn er auf diese Weise etwas sparen konnte. Hatte er doch ohnehin bei Lucies Abreise schon genug bluten müssen. – «Wie steht es eigentlich, Töchterchen, bekommt Vater da nicht etwas zurück, wenn du gar kein neues Kleid gekauft hast?» fragte er halb neckend, halb im Ernst nach Lucies eifrigen Auseinandersetzungen.

«O bewahre!» lachte diese, «was geschenkt ist, ist geschenkt! Einer von den blauen Scheinen ist übrigens dort geblieben, wo er hingehört, nämlich, wo ich mir mein weißes Kleid geholt habe. Herta hat ihn in Verwahr und verwendet ihn zu Reichsgotteszwecken. Und was von dem anderen noch übrig ist, brauche ich hier für die gleichen Interessen. Da hast du doch gewiß nichts dagegen, Papa!»

Der Bürgermeister war bei dem christlichen Liebeseifer seiner Tochter sehr nachdenklich geworden. Eine Erinnerung aus seinen Jugendtagen stieg plötzlich vor seinem Geist auf. Da war er einst mit einigen anderen Studiengenossen in einer Zusammenkunft von Atheisten und christusgläubigen jungen Männern gewesen, die alle die Universität derselben Stadt besuchten, und es war heiß hergegangen in der Aussprache für und wider Gott, bis man schließlich, um sich gegenseitig zu überzeugen, den einmütigen Beschluß gefaßt hatte, erst gemeinsam den Vortrag eines gerade in der Stadt weilenden atheistischen Redners anzuhören und nachher in die Predigt eines wirklich überzeugten, gläubigen Pastors zu gehen. So war man denn in geschlossener Kolonne vorgerückt – von einem zum anderen. Die wissenschaftlichen Beweisgründe des Gottesleugners waren ziemlich eindruckslos an seinen Ohren vorübergerauscht. Er hatte bis dahin, wie man so sagt, den lieben Gott immer einen frommen Mann sein lassen, ohne sich sehr darum zu bekümmern, ob er wirklich da war oder nicht. So ließ ihn auch die Verneinung seiner Existenz ziemlich kalt.

Aber unter dem Schall des Wortes Gottes hatte es ihn plötzlich gepackt, ja, da hatte er auch so etwas abbekommen von dem, was Lucie jetzt so begeistert erzählte. Freilich war es nur ein winziges Samenkörnlein gewesen, und es war bald wieder verschüttet worden – aber es mußte doch noch lebendig sein, denn plötzlich war es, als wollte sich das Keimlein in seiner Brust dehnen und sehnsuchtsvoll dem Sonnenstrahl entgegenstreben.

Merkwürdig, daß ihm derselbe Zug nach oben jetzt wieder in seinem Kind begegnete! War das nicht wie ein Anklopfen Gottes an sein eigenes Herz?

So weckte der Ballabend manche ernste Ewigkeitsgedanken in der Seele des Vaters.

Am Tage nachher kam die kleine Elli. Sie brannte vor Neugierde, zu erfahren, warum Lucie nicht auf dem Ball erschienen sei. Die ganze Mädchenschar sei doch im höchsten Grade gespannt gewesen auf ihr neues Kleid, und es hätte die größte Verwunderung erregt, daß Bürgermeisters auf dem Feste ohne alle Entschuldigung ausgeblieben wären. So etwas sei doch noch nie dagewesen. Sie hätte nun gerne den Grund ihres Fernbleibens gewußt, ob etwa ihr neues Kleid mißraten oder verdorben wäre und sie deshalb nicht hätte kommen können.

Lucie sah die Kleine freundlich lächelnd an. Mit was für unnützen Fragen sie sich doch beschäftigt hatte! Dann aber setzte sie in tiefem Ernst hinzu: «Nein, Elli! Das will ich nicht hoffen, daß mein weißes Kleid verdirbt, es soll im Gegenteil immer reiner und schöner werden!» Dann führte sie das junge Mädchen vor den Leuchtspruch, der in der hereinbrechenden Dunkelheit gerade zu funkeln begann. «Sieh! diese Frage hat über mein gestriges Daheimbleiben entschieden, denn Gott hat gesagt: Habt nicht lieb die Welt, noch was in der Welt ist – und dazu gehört auch ein Ball!» Daraufhin erklärte sie ihr freundlich die Geschichte von dem weißen Kleid, das sie unter dem Kreuz auf Golgatha gefunden habe, als sie Vergebung ihrer Sünden erlangt hatte, und plötzlich nahm sie das liebe Geschöpfchen herzlich in die Arme und sagte in demütiger Abbitte: «Vergib auch du mir nun, meine Elli, was ich an dir fehlte, denn ich war oft recht launenhaft und herrisch gegen dich, arme kleine Maus.»

Elli war ganz überwältigt und schluchzte nur: «Ach, ich bin ja viel schlechter als du! O bitte, hilf mir doch, daß ich auch besser werden kann!»

«Ja, Elli», sagte Lucie, «wir wollen zusammen Gottes Wort lesen und beten, daß der Heilige Geist unsere Herzen erleuchtet, damit wir es richtig verstehen können. Der Herr Jesus hat ja verheißen, daß der Geist uns in alle Wahrheit leitet, und er wird uns durch sein Wort auch sagen, was wir noch weiter für ihn tun können.»

Mit Elli hatte Lucie einen leichten Stand. Sie war empfänglich und sehr fügsam, so daß sie sich gern etwas sagen und sich rasch voranbringen ließ. Einen noch tieferen Eindruck aber als die Worte der älteren Freundin machte deren gänzlich veränderter Lebenswandel auf sie. Die überraschende Tatsache, daß die einst so eingebildete Bürgermeisterstochter, die nur eigene Wünsche kannte, sich jetzt demütig vor Gott beugte und bei allem fragte: «Was würde Jesus dazu sagen?», übte einen so überzeugenden Einfluß auf Elli aus, daß auch sie ihr junges Herz sehr bald dem Herrn übergab.

Nun hieß es, auch die anderen zu gewinnen suchen! Die beiden neuvereinten Glaubensschwestern hatten gemeinsam gefleht, daß Jesu Geist und Kraft sich in ihrem nächsten Mädchenkränzchen, das bei Lucie tagen sollte, recht offenbaren möge. Sie selber wollten gerne die Werkzeuge dazu sein.

Die anderen Kränzchenschwestern hingegen kamen alle mit hochgespannten Erwartungen der Wunderdinge, die Lucie ihnen von ihrer Besuchsreise in der Großstadt erzählen würde. Wahrscheinlich hatte sie sich dort so tief in den rauschenden Vergnügungsstrom gestürzt, daß ihr der kleinstädtische «Harmonieball» nicht mehr gut genug gewesen war. Sie kannten ja alle ihren hochfahrenden Sinn. Doktors Alice hatte sich schon dagegen gewappnet. Sie wollte ihr mit riesigem Gleichmut begegnen, wenn sie gar so sehr mit ihren Triumphen prahlte; denn Lucies Prahlsucht konnte wirklich lästig werden. Im Grunde genommen waren die jungen Mädchen allemal froh, wenn das Kränzchen bei Bürgermeisters glücklich überstanden war, obwohl es dort stets am vornehmsten zuging; denn auch hierin suchte Lucie alle anderen zu übertrumpfen und spielte dabei die Rolle der herablassenden Dame.

Wie aber staunten sie, als Lucie sie diesmal mit warmer Herzlichkeit empfing. Die jungen Mädchen hatten sich gegenseitig abgeholt, um gleich zusammen einzutreffen, damit ja keinem etwas von den großstädtischen Neuigkeiten entginge, die Lucie doch gleich lebhaft heraussprudeln würde. Nur Elli, die Vertraute, war schon früher gekommen, sie mußte ja mithelfen – und diesmal hatten sie eine ganz besondere Überraschung miteinander vorbereitet.

Ein entzücktes «Ah» entfuhr den jungen Mädchen, als sie alle zusammen ins Zimmer traten. Der Kaffeetisch war reizend gedeckt. Neben jeder Tasse lagen eine purpurrote und eine schneeweiße Rose, mit zierlichen Schleifchen zusammengehalten – was für ein kostbarer Tafelschmuck mitten im Winter.

«Die Blumen stellen ein zartes Symbol dar, dessen Deutung ihr später erfahren sollt», erklärte Lucie freundlich. Dann forderte sie die jungen Mädchen auf, Platz zu nehmen. Sie nötigte sie, frisch zuzugreifen, und erkundigte sich dabei herzlich nach dem Ergehen jeder einzelnen. Eine so liebenswürdige Gastgeberin war Lucie noch nie gewesen, und mancher erstaunte Blick glitt verstohlen über sie hin. Dann hörte man eine Weile nur das leise Klirren der Kaffeetassen. Und herrlich schmeckten zu dem Trank die mancherlei Süßigkeiten. Es ging heute dabei gar nicht so steif und förmlich zu, bald herrschte eine ungezwungene Fröhlichkeit unter den jungen Gästen. Sie fanden auch den Mut, Lucie zutraulich zu bitten, ihnen doch etwas von ihrem wochenlangen Aufenthalt in der Hauptstadt zu erzählen, denn darauf waren sie alle schon längst gespannt.

Doch es kam ganz anders, als sie dachten. Was Lucie

ihnen zu erzählen hatte, war vollständig gegen ihre Erwartungen. Und dennoch fesselte es sie, weil es mit warmer Begeisterung und tiefinnerlicher Überzeugung gesagt wurde. Ja, Lucies Worte strömten Kraft aus und überzeugten. Auch nicht an einer gingen sie spurlos vorüber, wenn auch die Wirkung nicht bei jeder gleich sein mochte, wie es der verschiedene Gesichtsausdruck deutlich verriet. Da gab es heilsverlangende, forschende, ängstliche und auch ein paar unangenehm berührte Gesichter. Aber die Mehrzahl der jungen Mädchen war bewegt. Sie nahmen ihr förmlich die Worte von den Lippen, und ihre Augen hingen unverwandt an Lucies strahlendem Antlitz. Dabei rückten sie unwillkürlich immer näher zusammen und dichter an Lucie heran.

Inzwischen war die Dämmerung hereingebrochen, und der Leuchtspruch an der Wand begann sein mildes Licht auszustrahlen. Da ging ein heimliches Flüstern durch die Schar. Man stieß einander leise an, und eine raunte der anderen verstohlen zu: «Schau einmal, hast du das schon gesehen? Das ist aber eine Frage!» Die Spannung war auf den Höhepunkt gestiegen.

Lucie, die es merkte, lächelte glücklich und dachte: Ich kann nun aufhören zu erzählen, jetzt redet der Spruch dort viel deutlicher als ich. Doch plötzlich gab sie, einer höheren Eingebung folgend, der kleinen Elli einen Wink. Diese verstand sie sofort. Leise ging sie mit Lucie zusammen ans Klavier. Einen geeigneteren Augenblick zum Vortragen ihres eingeübten Liedes hätte es gar nicht geben können. Die Dämmerung störte sie nicht, denn sie konnten es auswendig, und bald schwebte es in hellem Sopran und sich weich anschmiegendem Alt wie ein liebevoller Lockruf durch das Zimmer:

Zwei Rosen sah ich blühen
zu meines Heilands Preis,
die eine purpurn glühen,
die andre schneeig weiß.
Sie blühn in holder Weise
am Kreuz von Golgatha,
es fragt ihr Duft dich leise:
«Weißt du, was dort geschah?»
(Chor): O Röslein rot und schneeig weiß,
ihr mahnt mich, daß einst, blutig heiß,
das fleckenlose Gotteslamm
für mich auch starb am Kreuzesstamm.

Es preist die *rote* Rose
der ewgen Liebe Sieg,
die aus des Vaters Schoße
zur Erde niederstieg;
die sich dahingegeben
und uns mit Gott versöhnt
und dann mit neuem Leben
die Bluterkauften krönt.
(Chor): O Röslein rot usw.

Die zarte *weiße* Rose
der Unschuld Bild uns malt,
die rein und fleckenlose
in Jesus nur erstrahlt;
und schuldbeladne Herzen,
die sich ihm gläubig weihn,
die wäscht der Mann der Schmerzen
dann auch schneeweiß und rein.
(Chor): O Röslein rot usw.

Willst du die Rosen pflücken,
so geh nach Golgatha,
voll Demut dich zu bücken
am Kreuzesstamme da.
Dann wird dein König neigen
voll Huld sich auch zu dir
und schenkt sie dir zu eigen
in unverwelkter Zier.
(Chor): O Röslein rot usw.

Der Eindruck des Gesanges war ein überwältigender. Die jungen Mädchen hatten den Sinn der duftenden Blumenspende verstanden. Der Geist des Herrn berührte ihre Seelen und zeigte ihnen im Licht der göttlichen Wahrheit die purpurroten Rosen als perlende Blutstropfen, welche die ewige Liebe auch um ihrer Sünden willen vergossen hatte, während die schneeweiße Blumenkönigin ihnen das Bild der Heiligkeit Jesu vor Augen stellte, der sie – ach so ferne standen, und in manchem jungen Mädchen wurde das stille Verlangen nach einem reingewaschenen Herzen wach.

Kurze Zeit darauf gingen die Kränzchenschwestern auseinander, die meisten mit einem Brand in der Seele. Einen solchen Nachmittag hatten sie noch nie erlebt. Es war ihnen zumute, als seien sie in eine andere Welt versetzt worden. Lucie und Elli hatten den anderen freundlich beim Ankleiden geholfen. Als dabei Doktors Alice in das ihr hingehaltene weiche Pelzjäckchen schlüpfte, fühlte sie plötzlich einen warmen Kuß auf ihrer Wange, und Lucies Stimme klang leise an ihr Ohr: «Vergib, ich habe oft schlecht von dir gesprochen, nun soll es anders werden!»

Das junge Mädchen wußte nicht, wie ihr geschah. Sie war eine von denen gewesen, denen die ganze Geschichte vorhin unendlich peinlich war. Aber dieses Wort traf nun doch und brachte ihr die gleiche Schuld gegen Lucie zum Bewußtsein. Sie ging still und nachdenklich heim. Auch die anderen blieben heute nicht so lange wie sonst auf der Straße stehen; es war, als ob ihnen der eigene Unterhaltungsstoff plötzlich ausgegangen sei. Es hatte jede mit sich selbst zu tun, um den Eindruck zu bewältigen, der so unerwartet ihre Seele bewegte.

Lucie und Elli blieben nach dem Weggang der anderen noch ein Stündchen zusammen, tauschten ihre Gedanken aus und dankten Gott für seine Gnadengegenwart, die sich so spürbar in ihrer Mitte offenbart hatte. Sie erbaten und erwarteten auch für die Zukunft noch Großes und stellten sich dem Herrn als leere Gefäße zur Verfügung, damit er sie mit seinem Geist erfülle und gebrauchen könne zur Rettung von anderen Seelen.

Das lebendige Zeugnis der neuen Jüngerinnen blieb auch in der Folgezeit nicht ohne eingreifende Wirkung auf die jungen Altersgenossinnen. Hier knüpften sich die Bande fester, dort lockerten sie sich wieder, weil man nicht mehr einiggehen konnte – bis es schließlich eine klare Scheidung gab und einige von den jungen Mädchen sich ganz von den wöchentlichen Zusammenkünften zurückzogen. Die anderen rückten dafür um so enger zusammen und machten aus dem Kaffeeklatsch ein Bibelkränzchen, wo sie Gottes Wort besprachen, geistliche Lieder sangen und dabei von Herzen fröhlich waren.

So war der erste gute Same, den Lucie ausgestreut hatte, schon in verschiedenen jungen Herzen aufgegangen.

4.

Eines Tages stand Lucie ganz aufgeregt vor Freude in ihrem Mädchenzimmer. Sie hielt einen Brief von Herta in der Hand. Die Freundin teilte ihr mit, daß der Evangelist, in dessen Versammlungen sie sich bekehrt hätte, auf der Durchreise auch ihr Städtchen berühren würde; vielleicht würde Lucie ihn gern begrüßen. Sie schloß mit dem Gedanken, wie schön es doch wäre, wenn er auch dort bei ihnen das teure Gotteswort verkündigen könnte.

Lucie ging sofort mit Feuer und Flamme auf diesen Vorschlag ein. Papa mußte den Rathaussaal hergeben, er hatte ja die erste Stimme im Bürgerrat – das stand fest. Sie konnte es kaum erwarten, bis er vom Rathaus nach Hause kam. Er hatte kaum den Fuß über die Türschwelle gesetzt, da lief sie ihm schon entgegen und sagte bittend: «Väterchen, kannst du es nicht befürworten, daß für Donnerstagabend der Rathaussaal reserviert wird? Herr Evangelist B. kommt hier durch! Er wäre eventuell gerne bereit, hier einen Vortrag zu halten, wenn er alles Nötige dazu vorbereitet fände. Du weißt doch, das ist der Mann, von dem ich dir schon soviel erzählt habe. Den sollten wir übrigens auch nicht im Hotel wohnen lassen, sondern als unseren Gast herbitten, meinst du nicht auch, Papa? Da würde ich mich aber freuen!»

«So, so! – Hm, was so eine kleine Tochter alles von unsereinem verlangt», brummte der Bürgermeister vor sich hin und fuhr sich dabei bedenklich durch die Haare. Es war ihm ganz eigen zumute geworden.

Es half aber alles nichts, er mußte den Saal bestellen und eine Anzeige in die Zeitung setzen lassen. Lucie aber schrieb voll Jubel zurück, daß der liebe Herr B. sehr willkommen sei und doch zwei Abende bleiben möchte, falls es seine Zeit erlaube, denn in ihrer geistlich toten Stadt sei es so nötig, daß einmal wirklich Evangelium gepredigt würde. Auch bot sie ihm herzlich die Gastfreundschaft im Hause ihrer Eltern an.

Sobald sie nun die telegraphisch erbetene Antwort hatte, schloß sie mit ihrer kleinen Elli einen Bund, und die beiden Mädchen gingen nun von Haus zu Haus um einzuladen, treppauf, treppab, ohne auf Spott und Hohn zu achten, der ihnen hier und dort reichlich begegnete. Sogar Schimpfnamen rief man hinter ihnen her, doch sie kämpften tapfer weiter – besonders gegen die Menschenfurcht. Sie gingen nicht nur zu schlichten Leuten, wo sie verhältnismäßig noch leicht ankamen, sondern machten auch Besuch bei den vornehmen Bekannten. Da gab es freilich verlegene Gesichter genug. Hatte man doch schon so allerhand munkeln hören, daß Bürgermeisters Lucie unter die Heiligen gegangen sei, und sich dabei die unglaublichsten Vorstellungen von ihr gemacht. Sie war aber so strahlend heiter und so natürlich herzlich und liebenswürdig, daß die meisten von ihrem gewinnenden Wesen entwaffnet waren und im stillen zugeben mußten, daß die junge Dame weit eher gewonnen anstatt verloren habe. Und dadurch wurde auch die Neugierde rege, den Vortrag, den sie so herzlich empfahl, mit anzuhören. Man brauchte ja deshalb noch immer nicht seine Meinung zu wechseln, aber zusehen konnte man jedenfalls einmal, was an der Sache eigentlich sei. Lucies feinem Anstand gegenüber ließ sich die freundliche Einladung auch gar nicht gut abschlagen.

Das ganze Städtchen war in Aufregung über dieses Ereignis. Eine Evangelisationsversammlung! Das war etwas so Unerhörtes, Niedagewesenes, daß man gar nicht recht wußte, was man mit diesem Begriff eigentlich anfangen sollte. Man war doch schließlich nicht heidnisch gesinnt, daß einem von neuem das Evangelium gebracht werden mußte. Jedenfalls war es aber der Mühe wert, einmal hinzugehen und sich die ganze Geschichte anzusehen.

Nun war der vielbesprochene Donnerstag gekommen, und wer es irgend ermöglichen konnte, hatte sich für diesen Abend frei gemacht. Es war doch einmal etwas ganz Neues, was da geboten werden sollte – und das zog.

In den Spätnachmittagsstunden war auch der erwartete Gast in dem Bürgermeisterhause eingetroffen, zu dessen Empfang Lucie schon alles festlich vorbereitet hatte. Der Hausherr selber war eine Stunde früher vom Rathaus zurückgekehrt, um bei der Begrüßung zugegen zu sein. – Jetzt tat sich die Türe auf und der Besucher trat ein. Ein Stutzen, ein Erkennen – und zwei Männer lagen sich schweigend in den Armen.

Das war ja des Bürgermeisters einstiger Studiengenosse, der ihn damals zu dem gläubigen Pastor führte! Er hatte wohl das Gesicht in Erinnerung behalten, aber seinen Namen vergessen. Nun war die Freude des Wiedersehens groß, und bald war man in die alten Erinnerungen vertieft. Religiöse Streitfragen gaben einen guten Überleitungspunkt zu den Zwecken und Zielen, die der Evangelist in der Verkündigung des Evangeliums verfolgte. So flossen die Stunden bis zur Abendversammlung in angenehmer Unterhaltung rasch dahin. Lucie hatte sich selbst daran beteiligt, während die Frau Bürgermeister ziemlich still dabei saß, nur bei Tisch war sie die aufmerksame Wirtin. Man hatte mit Rücksicht auf die Abendversammlung sehr zeitig gegessen, und gleich darnach bat der Gast, sich noch ein halbes Stündchen zu stiller Vorbereitung zurückziehen zu dürfen.

Lucie aber unterstützte ihn von ihrem stillen Mädchenzimmer aus in ernstem Gebet. Lag ihr doch die ganze Sache und die damit verbundene Verantwortung als schwere und doch köstliche Last auf der Seele. Da brauchte es Glauben und Kraft aus der Höhe, um sich fest an Gottes untrügliche Verheißungen zu klammern. Sollte doch Großes geschehen an diesem Abend zum Heil unsterblicher Seelen; da mußte sie in bestimmter Erwartung dem Herrn auch Großes zutrauen können.

Neugestärkt zu freudiger Zuversicht stand sie wieder von ihren Knien auf.

Auf dem Hinweg zum Rathaussaal wechselte sie mit ihrem Gast einen verständnisinnigen Blick. «Der Herr muß heute abend etwas ganz Besonderes in unserer Stadt tun, ich habe ihn darum gebeten, und er hat es verheißen», sagte sie einfach dabei, aber es klang fast wie Prophetie, so überzeugt war es ausgesprochen.

Der erfahrene Reichsgottesarbeiter hatte seine helle Freude an dem frischen Glaubensmut des jungen Mädchens. «Ja, wo zwei eins werden!» gab er zustimmend zurück. Dann bat er: «Unterstützen Sie mich bitte auch während des Redens mit Ihrem Gebet! Das vermag ungemein zu tragen, besonders wenn man zu einer gottfeindlichen Menge spricht.»

Nun hatten sie den Saal erreicht, der schon dicht mit Zuhörern gefüllt war, und es dauerte nicht mehr lange, da war er bis auf den letzten Platz besetzt. Das überstieg selbst Lucies Erwartungen. Ihr Herz klopfte vor Freude. Ihr Blick hatte gleich beim Eintreten nach Elli gesucht und ihre zarte Gestalt auch richtig, trotz der großen Menschenmenge, bald herausgefunden. Sie winkte die Kleine rasch an ihre Seite.

«Du! wir müssen heute abend Hur und Aaron sein, die Moses Hände stützten, damit Josua siegen konnte», flüsterte sie ihr vor Beginn der Versammlung zu. «Laß uns fleißig beten, daß Jesus Sieger über viele Herzen werden kann!» Sie wußte ja, daß die Mehrzahl nur aus Neugierigen bestand.

Bald aber waren sie alle, ob Schaulustige, Spötter oder Kritiker, unter die Macht der gewaltigen Rede gebannt. Die Donnerstimme des Geistes, die den schuldbeladenen Sünder schreckt, aber auch die frohe Botschaft von der rettenden und seligmachenden Gnade Jesu Christi drang tief in die Herzen der Hörer hinein. Der ganze Heilsweg, den die Schrift vorschreibt, wurde in so klarer, einfacher und anschaulicher Weise vor Augen gestellt, daß auch das einfältigste Menschenkind, das hergekommen war, nicht irren konnte. Aber auch die Klugen, die Großen und Stolzen packte es, denn hinter den Worten stand Jesu Geist und Gottes Macht, die sich in so überwältigender Weise offenbarten, daß durch viele Herzen die zitternde Frage ging: «Was muß ich tun, daß ich selig werde?»

Ja, jetzt wußte man im Städtchen ganz genau, was eine Evangelisationsversammlung war; aber an solche Folgen hatte man nicht dabei gedacht.

Auch der Herr Bürgermeister hatte nicht geahnt, daß es ihn zum zweiten Male «packen» würde, diesmal aber so tief und nachhaltig, daß es sich nicht wieder «verschütten» ließ. Er hatte mit seinem Gast noch eine ernste Unterredung bis tief in die Nacht hinein – über das Heil seiner Seele.

Am nächsten Abend war der Versammlungsraum noch viel voller. Eine solche Menschenmenge hatte der Rathaussaal noch nie gesehen. Und der Geist Gottes wehte an diesem zweiten Abend noch viel mächtiger und drängte überall zur Entscheidung. Er gewann so weiten Raum in den Herzen, daß eine förmliche Erweckung ausbrach, die viele Zuhörer fast wider Willen mit fortriß. Das war ein Sieg in dieser geistlich toten Stadt, über den Menschen und Engel jauchzten.

Der Redner aber beschloß, von Gottes Geist getrieben, das Netz einzuziehen, um als guter Menschenfischer festzustellen, welche Seelen sich als Liebesbeute für den Lebensfürsten aus dem Strome des Verderbens retten ließen.

Und der erste, der sich erhob, um sich öffentlich vor der ganzen Versammlung auf die Seite des Heilandes zu stellen, war der Herr Bürgermeister. Das riß die Menge mit fort in Begeisterung, Verwundern und Staunen. Die Fesseln der Menschenfurcht fielen, als man diesen einflußreichen Mann keinen Hehl aus seinem Glauben machen sah, und hier und da standen Männer wie Frauen auf, die seinem Beispiel folgten.

Es gab noch eine bewegte Nachversammlung, in der viele Seufzer um Rettung aus Sündenbanden emporstiegen und die vergebende Gnade Jesu sich herrlich offenbaren konnte. Da rauschten die Ströme des Friedens, der höher ist als alle Vernunft, in heilsbedürftige Herzen hinein, und viele, die noch bis vor kurzem nichts von einem neuen Leben wußten, gingen als wiedergeborene Gotteskinder heim.

Das war das Ergebnis von zwei Abenden, an denen Gott mit seinen Menschenkindern einmal wirklich hatte reden können und in ihren Herzen zu seinem Rechte gekommen war.

Seine Werkzeuge aber, der Evangelist und seine beiden jungen Kampfgenossinnen im Gebet, freuten sich von ganzer Seele über diesen Sieg und gaben Gott allein die Ehre.

Von vielen Segenswünschen geleitet, zog der wackere Streiter des Herrn fröhlich seine Straße weiter, um auch noch anderen Seelen ein Philippus zu sein.

In der Stadt aber brannte und gärte es weiter. Wie ein Lauffeuer war es von Haus zu Haus gegangen, daß der Bürgermeister sich bekehrt habe. Das rief eine ungeheure Aufregung, aber doch auch viel Anerkennung hervor. Zu den Entsetzten gehörte auch seine Gattin.

«Wie konntest du nur so vor allen Leuten aufstehen»,

hatte sie tags darauf vorwurfsvoll zu ihm gesagt, «ich habe mich fast zu Tode geschämt in der gestrigen Versammlung!»

«Aber, liebe Frau, das war doch ganz natürlich», hatte er mit der größten Ruhe erwidert. «Ich weiß gar nicht, warum man im Christentum alle Maßnahmen so empörend findet, die doch im gewöhnlichen Leben zu den einfachsten Anstandsregeln gehören. Sieh, wenn ein geladener Gast in eine Gesellschaft schon anwesender Personen tritt, dann erheben sich vor ihm diejenigen, die in irgendwelchen verwandt- oder bekanntschaftlichen Beziehungen zu ihm stehen, um ihn höflich zu begrüßen, besonders wenn es eine hochgestellte Persönlichkeit ist. Und wenn nun in eine religiöse Versammlung der höchste König eingeladen wird, und er begegnet diesem und jenem in seinem Wort, warum soll es dann eine Schande sein, wenn wir ihn durch Aufstehen ehren? Ich meine eher, es sei ein hohes Vorrecht, dem König aller Könige, vor dem wir in den Staub gehören, diese Huldigung darbringen zu dürfen!»

Darauf wußte seine Frau allerdings nichts mehr zu erwidern. Sie mußte überhaupt nach und nach die Waffen strecken vor dem Christentum ihres Mannes und ihrer Tochter, das sich in ihrem Manne in zielbewußten Grundsätzen, bei Lucie im Sonnenschein der Liebe offenbarte.

Wie glücklich war das junge Mädchen, als endlich auch die Mutter ihr Widerstreben aufgab und mit den Ihren vereint dem Herrn von ganzem Herzen in einem gottgeweihten Leben diente!

Eine besondere Freude wurde Lucie auch noch zuteil, als am nächsten bei ihr tagenden Bibelkränzchen sich Doktors Alice, die sich damals zurückgezogen hatte, plötzlich als überwunden einstellte und herzlich bat, sich wieder an ihren Zusammenkünften beteiligen zu dürfen. Lucies warmer Kuß hatte ihr keine Ruhe gelassen, und in den Versammlungsabenden hatte Gott auch mit ihr geredet. –

Das alles war die Folge von Lucies weißem Kleid. Das hatte so leuchtend und hell gestrahlt, daß Gott es gebrauchen konnte, in vielen Herzen das Verlangen zu wecken, das weiße Kleid der Gerechtigkeit auch zu besitzen. Mit jubelnder Freude aber berichtete Lucie ihrer treuen Freundin Herta die jüngsten Ereignisse und schloß mit dem Lobpreis seiner herrlichen Gnade und der heißen Sehnsuchtsbitte, daß sie doch einst der klugen Jungfrau gleichen möchte, die in fleckenloser Reinheit, die brennende Lampe in der Hand, auf ihren Herr und König wartet und ihm ihr «Komm, Herr Jesu!» sehnsuchtsvoll entgegenbringt.

Doch auch darum brauchte ihr nicht bange zu sein, denn es war ihr ja gegeben, sich anzutun mit schöner und reiner Seide, welches ist die Gerechtigkeit der Heiligen.

Ein solches weißes Kleid ist der schönste Brautschmuck aller derer, die Jesus Christus mit seinem teuren Blut erkauft hat als sein Eigentum.

Zwei Rosen

Rosa Springer

In mittlerem Tempo, recht getragen

Albert Rossow

Wei - - se am Kreuz von Gol - ga -
tha, es fragt ihr Duft dich lei - se
es fragt ihr
dim.
Chor:
pp
p
„Weisst du, was dort ge - schah?“ O - -
pp

Chor:
Rös - lein rot und schnee-ig weiss,
pp
O Rös - lein rot und schnee-
ihr mahnt mich, dass einst, blu - tig - heiss,
ig weiss, ihr mahnt
pp
das flek - ken - lo - - - se Got - tes - lamm
p
pp
f
das Got - tes-lamm, das flek - ken - lo - se

2. Es preist die rote Rose der ewgen Liebe Sieg,
die aus der Vaters Schoße zur Erde niederstieg;
die sich dahingegeben und uns mit Gott versöhnt
und dann mit neuem Leben die Bluterkauften krönt.
Chor: O Röslein rot und schneeigweiß.

3. Die zarte, weiße Rose der Unschuld Bild uns malt,
die rein und fleckenlose in Jesus nur erstrahlt;
und schuldbeladne Herzen, die sich ihm gläubig weihn,
sie wäscht der Mann der Schmerzen dann auch schneeweiß
[und rein.
Chor: O Röslein rot und schneeigweiß.

4. Willst du die Rosen pflücken, so geh nach Golgatha,
voll Demut dich zu bücken am Kreuzesstamme da.
Dann wird dein König neigen voll Huld sich auch zu dir
und schenkt sie dir zu eigen in unverwelkter Zier.
Chor: O Röslein rot und schneeigweiß.

In der Reihe H (»Heimatlicht«) in der Edition C sind erschienen:

Helene Hübener
REICH IN GOTT
Edition C, Nr. H 1, 248 Seiten

Mit natürlicher Frische und Wärme zeigt uns die Verfasserin das Leben zweier in ihrem Wesen völlig verschiedener junger Mädchen.

Helene Hübener
MARIA UND LISA
Edition C, Nr. H 2, 256 Seiten

In dieser Fortsetzung zu »Reich in Gott« hören wir weiter vom Schicksal der beiden ehemals so vertrauten Freundinnen Maria und Lisa.

Helene Hübener
VERSCHLUNGENE WEGE
Edition C, Nr. H 3, 224 Seiten

Zwei Witwen mit ihren Nöten und Sorgen um die heranwachsenden Kinder, mit der Last des Alleinseins und der Verantwortung für neue Bindungen stehen im Mittelpunkt der beiden hier zusammengefaßten Erzählungen »Verschlungene Wege« und »Licht und Schatten«.

Helene Hübener
ES MUSS DOCH FRÜHLING WERDEN
Edition C, Nr. H 4, 336 Seiten

Wie Schwierigkeiten und Nöte durch unerschütterliches Vertrauen auf Gott überwunden werden, weiß Helene Hübener in der ihr eigenen besinnlichen Art eindrücklich zu erzählen.

Helene Hübener
DREI FREUNDINNEN
Edition C, Nr. H 5, 160 Seiten

Spannungsreich werden in diesem Buch die Fäden der wechselhaften Schicksale dreier Freundinnen und ihrer Familien geknüpft.

Helene Hübener
UNTER EINEM DACH
Edition C, Nr. H 6, 224 Seiten

In diesem liebenswerten Buch stellt uns die Autorin eine kinderreiche Familie vor, die erst vor kurzer Zeit aus einem stillen Forsthaus in ein großes Mietshaus am Rande der Großstadt gezogen ist.

Helene Hübener
AUS DEM LEBEN EINER WAISE
Edition C, Nr. H 7, 248 Seiten

Wie Gott führt, ein Menschenleben prägt und segnet, wenn man ihm und seinem Wort vertraut, wird hier von der bekannten Autorin in ihrer gemütvollen Art wegweisend erzählt.

Charlotte Woerner
VRENELIS GOLDENES HÄMMERLEIN
Edition C, Nr. H 9, 136 Seiten

In diesem früher schon vielgelesenen Buch wird erzählt, wie eine kleines Mädchen mit der Kraft der Liebe und des Gebets überall viel Segen stiftet.

Charlotte Woerner
GEISSEN-KASPARS GROSSES ERLEBNIS
Edition C, Nr. H 10, 80 Seiten

Dies ist die Geschichte des armen Hirtenbuben Kaspar, Geißen-Kaspar genannt, der sich nach einem Menschen sehnt, der gut zu ihm ist.

Rosa Sauer
DER SCHATZ IM ACKER
Edition C, Nr. H 12, 160 Seiten

Peter ist auf dem Bauernhof zu Hause. Im Religionsunterricht hört er die biblische Geschichte vom »Schatz im Acker«. Sie weckt in ihm das Verlangen, auch einen Schatz zu finden.

Bertha Schmidt-Eller
HAUS GUDELIUS
Edition C, Nr. H 13, 184 Seiten

Wie der kleine Fritz Neumann – zunächst als Laufbursche in der Firma – den Angestellten im Haus Gudelius und der Familie Gudelius selbst zum Segen wird, das schildert die bekannte Autorin in diesem ihrem Frühwerk spannend und lebensnah.

Käthe Dorn
DAS WEISSE KLEID
Edition C, Nr. H 14, 64 Seiten

Dies ist die bewegende Geschichte von Lucies weißem Kleid, einer zunächst maßlos verwöhnten und ziemlich unbescheidenen Tochter eines Bürgermeisters.

In Vorbereitung:

Helene Hübener, IM ROSENHAUS
Charlotte Woerner, GEISSEN-KASPARS NEUE HEIMAT
Kristina Roy, OHNE GOTT IN DER WELT